2019年度黑龙江省社会科学学术著作出版资助项目

制造企业社会责任
对低碳创新绩效的影响研究

ZHIZAO QIYE SHEHUI ZEREN DUI DITAN CHUANXIN JIXIAO DE YINGXIANG YANJIU

龚 晨 著

哈尔滨工程大学出版社
Harbin Engineering University Press

内 容 简 介

本书以我国制造企业为研究对象,以提升制造企业低碳创新绩效为研究目的,通过对制造企业在集群中的声誉以及集群低碳认知两个关键因素的识别,分析制造企业社会责任对低碳创新绩效的作用效果,深入挖掘各个因素对制造企业低碳创新绩效的作用机理,结合实证分析结果,提出提升我国制造企业低碳创新绩效的对策建议,为低碳经济背景下我国制造企业打破低碳壁垒,培育竞争优势提供了借鉴。

本书可作为制造企业管理人员、政府相关部门政策研究人员及高等院校相关专业师生的参考用书。

图书在版编目(CIP)数据

制造企业社会责任对低碳创新绩效的影响研究 / 龚晨著. — 哈尔滨 : 哈尔滨工程大学出版社, 2019.11
ISBN 978 - 7 -5661 -2433 -3

Ⅰ. ①制… Ⅱ. ①龚… Ⅲ. ①制造工业 - 工业企业 - 企业责任 - 社会责任 - 研究 - 中国②制造工业 - 低碳经济 - 企业创新 - 企业绩效 - 研究 - 中国 Ⅳ. ①F426.4

中国版本图书馆 CIP 数据核字(2019)第 179227 号

选题策划　夏飞洋
责任编辑　夏飞洋　马毓聪
封面设计　李海波

出版发行　哈尔滨工程大学出版社
社　　址　哈尔滨市南岗区南通大街 145 号
邮政编码　150001
发行电话　0451 -82519328
传　　真　0451 -82519699
经　　销　新华书店
印　　刷　哈尔滨市石桥印务有限公司
开　　本　787 mm ×1 092 mm　1/16
印　　张　9.75
字　　数　240 千字
版　　次　2019 年 11 月第 1 版
印　　次　2019 年 11 月第 1 次印刷
定　　价　49.80 元
http://www.hrbeupress.com
E-mail:heupress@ hrbeu.edu.cn

前　言

　　大量使用化石燃料所导致的全球气候的骤变、雾霾横行所导致的城市的环境污染问题日渐突出,我国的制造业是世界性的制造中心,长期高投入、高增长和粗放式发展模式导致我国制造业的发展模式、发展思路与低碳经济的主流思想严重背离。现阶段,我国制造业对世界经济与社会发展所作出的巨大贡献不言而喻。然而,我国制造业的创新能力与制造核心技术的严重不足,使得我国制造业的发展态势不良。制造企业作为制造业的微观主体,既是大部分物质产品的直接提供者,又是绝大多数污染物的直接生产者,既要在低碳情境下寻求实现自身的生存和发展的路径,又必须承担积极响应国家低碳政策、履行低碳责任的使命。制造企业低碳创新的实现路径和推进态势将会对我国低碳经济气候的形成产生辐射作用,并逐步带来经济社会的低碳化的全面进步。随着创新驱动发展战略的提出,我国创新模式逐渐向集群化发展,社会责任对于企业创新绩效的影响,已经不单单受制于企业自身和相关利益群体,企业所处集群网络对其创新绩效也将产生作用。

　　基于此,本书以我国制造企业为研究对象,以提升制造企业低碳创新绩效为研究目的,通过对制造企业在集群中的声誉以及集群低碳认知两个关键因素的识别,分析制造企业社会责任对低碳创新绩效的作用效果,深入挖掘各个因素对制造企业低碳创新绩效的作用机理,结合实证分析结果,提出提升我国制造企业低碳创新绩效的对策建议,为低碳经济背景下我国制造企业打破低碳壁垒,培育竞争优势提供了借鉴。

　　本书为国家自然科学基金面上项目(71472057)、黑龙江省省属高等学校基本科研业务费青年创新人才项目(135309307)、黑龙江省省属高等学校基本科研业务费创新团队项目(135309102)相关成果。本书内容或有不足或欠妥之处,敬请各位读者不吝指正。最后,感谢在此书编撰、修改过程中提出建议的所有老师,特别感谢恩师哈尔滨工程大学毕克新教授、齐齐哈尔大学王维院长给予的帮助与鼓励。

著者

2019 年 6 月

目　　录

第一章 绪 论

第一节 研究背景、目的及意义

一、研究背景

世界经济的快速崛起,尤其是工业经济的飞速发展,造成了雾霾、温室效应等一系列气候问题。当前,由于化石燃料的过度消耗所导致的全球变暖,已经引起全世界的广泛关注。为了应对气候变化所导致的各类危机,国外政府、企业纷纷提出"低碳"概念,以督促资源消耗型企业转型发展。英国政府发布的能源白皮书首次提出了"低碳"概念,提出在推行宏观调控和技术创新方面促进能源结构调整,并建立一种减排的新型经济发展模式。环境对人类生存发展提出的挑战日渐严峻,发展低碳经济已成为世界各国关注的议题。低碳经济是以降低能耗、降低污染、降低碳排放为基础的经济发展模式,政策的关注点是解决提高能源利用率和开发清洁能源来提高绿色 GDP 的经济问题。《斯特恩报告》中明确指出,人类的社会经济活动导致了大量的温室气体的产生,最终会对地球产生灾难性的影响。实现低碳经济的宏伟蓝图,能源技术、低碳技术的发展是根本途径。联合国政府间气候变化专门委员会第四次评估报告中提到,过去 50 年产生的温室效应,90% 是人类一系列活动引起的。现阶段,我国温室气体排放总量位居世界第二。在丹麦首都哥本哈根召开的气候大会上,发达国家以及发展中国家均提出了各自的减排目标,中国则郑重承诺,单位 GDP 的二氧化碳排放率要在 2020 年实现相较 2005 年同比下降四十至五十个百分比,且不与其他国家的减排目标挂钩并无任何附加条件,这给我国经济发展带来了较大的减排压力。

十八大报告强调要将文明生态建设放在首位,要梳理生态文明观念,将生态环保可持续发展理念融入我国经济建设的全过程。《中国制造 2025》坚持创新驱动、绿色发展,切实提高制造业的核心竞争力和可持续发展能力,降低重点行业的单位工业增加值能耗、物耗及污染物排放,形成具有强竞争力的产业集群和提升产业价值链中的地位。十九大报告指出,要发展新动能、加快制造强国建设,大力改造提升传统产业,深入实施创新驱动发展战略,以更加有效的制度保护生态环境。成立国家能源委员会、加快调整高耗能产业结构、培育新兴低碳产业及对可再生能源和低碳产品补贴和配额交易等措施都体现了我国对节能减排工作的重视程度。从企业良好地履行社会责任的角度,作为社会生产生活中的重要成员,企业在社会集群中拥有其他相关个体所不具备的资源优势。

制造业是中国经济可持续发展、经济水平高速增长的主力军,是促进中国工业经济发展的主体,制造业的能耗量占工业总能耗量的近90%,中国的名义碳排放量位居世界第一。制造企业的节能减排将对我国实现碳减排目标有极大的推动作用。作为经济活动的主体,作为经济生产中碳排放的重要成员,企业有义务承担碳减排的社会责任,积极采取措施来应对气候变化,成为我国实现碳减排目标的重要力量。然而,2013年我国政府举办的"开启生态文明的新时代暨中国上市公司环境责任调查颁奖论坛"针对中国A股上市公司履行环境责任的公益调查表明,在中国,制造企业参与应对气候变暖的整体积极性不强,上市公司大多缺乏对环境社会责任的系统管理体系及规章制度建设,所涉及的A股上市公司在经济活动的生产运营过程中,对低碳排放量及低碳足迹量的定量管理活动,只有不足八成的上市公司履行了职责。虽然我国已成为制造大国,但我国制造业在快速发展中存在很多问题,其中产业结构不合理、能源消耗大、污染严重等问题已成为迫切需要面对的事实,低碳经济也对企业发展提出了新的要求和挑战。

面对国际社会带来的节能减排压力,我国政府正在积极地推动企业通过制度创新、技术创新、新能源开发以及产业转型等多种手段进行低碳生产、低碳技术创新。企业实现减排不仅是我国实现低碳经济发展的重要因素,也是企业适应市场竞争环境和具备可持续竞争力的决定因素。制造企业作为制造业的基本细胞,既承担了为社会直接提供绝大多数的物质产品的责任,又是生产污染物的被动主体;既寻求在"低碳沙漏"的筛选下迎接挑战,实现自身的生存和发展,又承担着积极响应国家低碳号召、担负低碳责任的使命,承担着推动社会进步及国民经济发展的重要任务。然而,现阶段我国制造企业在生产过程中的高消耗、高成本现象依然显著。因此,在低碳经济时代,制造企业面临的任务不仅仅是高效率生产,其社会责任增加了节约能源资源、保护社会生态环境等低碳责任。

事实上,将低碳生产、提高能源利用率、降低高碳能源消耗等措施深入制造企业生产经营活动中,整合其社会责任和创新驱动发展战略,对于企业的资源节约利用、效率提升、获得利益相关者支持以及增强品牌效应均有着重要作用。低碳情境中企业履行社会责任对制造企业技术创新的积极作用,也会带动企业技术创新绩效的提升。制造企业的低碳生产与低碳技术创新,降低了资源耗费的同时也提升了占有的市场份额,对制造企业创新绩效的提升起到了至关重要的作用。在当今复杂多变的环境下,制造企业对低碳的认知,对企业声誉的维护,使得集群网络中的企业对社会责任的承担更具主动性,同时也意识到集群企业低碳责任认知对制造企业低碳创新的重要性。

二、研究目的及意义

制造企业是制造业的微观行为主体,也是制造业的基础的运行个体,促进制造企业低碳创新和提升制造企业低碳创新绩效是我国制造业向低碳路径转型的基础。低碳创新绩效是衡量我国制造企业在低碳情境下的技术创新能力以及技术创新水平的关键要素。随着创新驱动发展战略的提出,我国创新模式逐渐向集群化发展。探索在集群化发展进程中,如何推进我国制造业低碳创新、如何增强低碳竞争优势,进而提升制造企业创新绩效是本书重要的研究目的。本书通过梳理和讨论国内外相关研究成果,结合相关理论系统地分析提升低碳创新绩效的关键因素,深入挖掘这些关键因素的内涵和维度及其对低碳创新绩效的单独作用机理和联合作用机理,构建作用机理模型,从而为制造企业提升低碳创新绩效,在经济全球一体化和低碳情景中增强中国制造业的竞争优势,打破我国制造企业的低碳壁垒,促进我国经济可持续发展、培育竞争优势提供相关对策、建议。

1. 理论意义

现阶段,低碳和创新是制造企业研究学者探讨的热点研究议题,将二者相联合来探索我国制造企业如何践行低碳发展、提升低碳创新绩效的研究无疑具有重要的理论意义。本书通过将企业传统研究理论中的利益相关者理论、企业声誉理论、产业集群理论等系统理论相结合,针对我国制造企业低碳创新发展现状,结合制造企业低碳技术创新特点,重点对影响制造企业创新绩效的关键因素进行识别,建立了低碳情景中制造企业社会责任对低碳创新绩效影响机理的理论模型,探索了关键影响因素对低碳创新绩效的作用路径和作用效果,并提出了利益相关者承担企业社会责任对制造业创新绩效的提升实施策略,客观而全面地反映了低碳环境中识别出的关键影响因素对低碳创新绩效的作用机理和影响程度,进一步充实了制造企业低碳创新绩效的研究理论,为在全球低碳经济背景下制造企业提升低碳创新绩效提供了新的路径及理论框架。

2. 实践意义

探究制造企业社会责任对于低碳社会责任的中间作用机制这一黑箱,能够为制造企业在现实中实现更好地履行社会责任,促进低碳创新绩效的提升提供一定的指导和帮助。制造企业承担社会责任的重要性与必要性已被普遍认可,制造企业正积极履行社会责任,制定和实施企业自身社会责任发展报告。但现阶段,制造企业并未真正理解和认识到积极履行社会责任对企业的低碳创新的影响,只是单纯强调在低碳生产、低碳经济、低碳发展的路上制造企业要承担社会责任。如何提升制造企业低碳创新绩效?制造企业履行社会责任会对低碳创新绩效的提升起到怎样的促进作用?在低碳经济时代,制造企业面临的任务不仅仅是高效率生产,同时要考虑在生产经营过程中承担的低碳责任,这使得制造企业在在低碳创新的道路上越走越远。本书的研究结果将为制造企业社会责任对低碳创新绩效的影响提供一套系统科学的理论与方法体系,并通过提高企业在集群中的声誉以及集群的低碳认知,调节和促进制造企业低碳创新绩效的提升。进一步,本书为提升制造企业低碳创新绩效提供了重要的理论研究意义和研究方法的支持。目前,我国制造企业履行社会责任与提升低碳创新绩效的关系的理论研究尚处于发展的初级阶段,使得本书的选题及研究方向具有重要的意义,本书的研究成果将为政府部门制定科学低碳经济的创新政策,健全、完备、系统的法制服务体系,完善的各类服务机制,以提升中国制造业低碳创新绩效提供参考依据。

第二节　相关领域国内外研究现状

一、国外研究现状

(一)企业社会责任相关研究

1.企业社会责任与企业绩效间关联关系

2003 年,Margolis 对"重新考虑企业社会创制权"的研究,表明了企业社会责任的外在制度环境是"一个真空",如果客观上将企业社会责任理解为企业为了盈利在生产经营中使用的工具和手段,其目的不是迎合外部的制度环境。2003 年,Orlitzky的研究"企业社会责任与财务绩效的 Meta 分析"分析了企业社会责任对企业财务绩效所产生的正向促进影响作用,即企业从事社会责任活动能够带来好的经济绩效。

而另一些学者的观点却与上面的观点相悖。2001 年,McWilliams 通过对"基于企业理论的企业社会责任"的深入研究,评价企业在履行社会责任时的表现,并分析了在进行实证检验后,企业履行社会责任与企业财务绩效间的相互作用关系,发现社会责任与企业财务绩效之间没有关系。2006 年,McWilliams 通过对"社会责任的战略含义"进行研究发现,企业社会责任与企业的短期财务绩效二者之间没有相关性,尽管意识到了企业社会责任对企业长期发展的影响,但管理实践者和理论研究者很少能将其上升到企业的战略层面进行考虑。

2.企业社会责任对企业竞争力的正向效应

2006 年,Kramer 研究的"竞争优势与企业社会责任之间的关联"将慈善行动融入企业战略,并将其与竞争优势结合。他剖析了道德伦理、可持续性、营运许可以及声誉四个可能推动企业慈善行动的因素的欠缺,并阐述了企业如何追求利益和责任的双重目标。1990 年,Fombrun 对"企业声誉与战略表现"进行了研究,认为企业声誉作为社会责任的价值转化,是企业与主要竞争对手相比的总体吸引力,社会责任表现是企业声誉的重要组成部分,企业在履行社会责任的同时,也为企业树立了积极主动的形象,进而使得企业获得竞争优势。1995 年,Hart 对"企业的自然资源基础观念"进行了研究,提出竞争模型中环境保护能够为企业在生产经营过程中取得竞争优势提供必要条件。1991 年,Barney 对"企业资源与可持续竞争优势"进行了研究,试图从不同的角度对企业的技术创新绩效进行解释,认为企业的竞争优势来源于企业内部的不可替代的资源和能力,用以提高企业绩效,而集群企业能够从产业集群中获取特有的资源和信息优势,为企业创新创造条件。

3. 企业社会责任与创新

2000 年,McWilliams 对"企业社会责任与财务绩效的关系"进行了研究,认为企业履行社会责任所投入的资源能够促进企业在产品和工艺流程方面的创新,所以无形资产和企业社会责任呈正相关关系。2006 年,McWilliams 对"社会责任的战略含义"进行了研究,认为企业在履行社会责任时的投入会对企业在生产经营以及生产产品方面的技术创新起到促进作用,并促使企业逐步加强研发力度。1995 年,Porter 对"绿色和竞争力"进行了研究,认为环境法规是企业进行环保创新的一个最重要的影响因素,恰当的环境法规可以有效地促进企业进行绿色环保创新。

4. 产业集群背景下的企业社会责任

2014 年,Peter 系统性地将发达国家与发展中国家进行了对比,主要对比了产业集群网络中的企业履行社会责任的情况,发现在全球价值链的驱动下,发展中国家产业集群网络中的企业履行社会责任,促使不同规模的企业能够充分参与相关制度的监督工作。2011 年,Heivik 等对"产业集群网络中企业履行社会责任时所产生的回应"进行了研究,明确提出了产业集群中企业履行社会责任所涉及的方法与模式。2013 年,Palacios 的研究"支持企业社会责任的政策:Telefónica 案例"通过对西班牙电信公司进行考察访谈,发现该公司高度重视企业社会责任,并表示公司仍在寻找机会去提高创新能力、改善经营理念、保证客户满意度及培训客户。2014 年,Siltaoja 的研究"修订企业社会绩效模式 ——为可持续发展创造知识"提出了企业社会绩效的修正模型,并分析了企业社会责任在模型中的重要作用,通过引入知识创造这一关键要素,对现有模型进行了修正。

(二)低碳创新绩效相关研究

1. 低碳技术创新

2002 年,Berkhout 认为低碳技术创新是运用技术转型的方式来实现的。2000 年,Anex 认为公共政策机制的顺利运行能够更有效地促进绿色技术创新、促进绿色技术发展。2009 年,Henriques 等在低碳经济情境下,以巴西工业为研究对象,对巴西工业各部门 CO_2 排放潜力进行了分析。结果表明,可以通过采取节能措施,回收利用物资和实施热点联产,使得化石燃料转向可再生能源或污染较低的能源,有效降低碳排放,减少对森林的过度利用。2011 年,Zhang 认为在资源危机与环境恶劣的情境中,低污染、节能减排降耗是未来社会的发展趋势,制造企业用节能低碳的生产方式取得市场竞争优势,并建立制造企业的低碳运作方式,在运作模式上以日常管理和生产管理为主要管理模式。2008 年,Horbach 用德国 Mannheim 创新面板数据与就业调查机构估计面板数据分析绿色创新的影响因素,结果表明,环境法规、环境管理工具和组织变化对绿色创新起到正向影响。2010 年,Lee 进行了生产行业的实证研究,以环境规制、市场机会、外部竞争力、资源型供应链集成、网络嵌入、高技术能力、绿色技术创新为影响因素,探索了在供应链整合条件下环境规制对低碳技术创新的影响。

2. 创新绩效

2002 年,Gregory 指出,创新主要用企业新产品开发来体现。2003 年,Hagedoornd 等通过建立复合结构,用研发投入、专利数量、专利引用以及新产品发布四项指标来衡量高新技术产品对创新绩效的影响。2005 年,Kuosmanen 等的研究表明,独立环境破坏指数中的环境压力是衡量生态效率的重要指数,他们用数据包络分析的方法来测量生态效率。1999 年,Berthon 指出,市场需求是企业创新绩效的决定性因素。

(三)企业社会责任与低碳创新绩效研究现状

2011 年,Bocquet 以卢森堡 1 144 家企业作为研究样本,对企业社会责任和创新之间的关系进行了实证分析,研究表明注重履行社会责任会取得更好的经济效益。2013 年,Bocquet 以同样的样本从战略的角度研究了企业社会责任与技术创新的关系,将企业社会责任分为战略型和响应型两种,通过数据分析得出结果:战略型的企业社会责任对产品创新和过程创新均有影响,相比之下响应型的企业社会责任也许能转变企业在生产经营过程中的创新行为,企业履行的社会责任会成为企业在创新方面的障碍。1997 年,Russo 从资源基础理论的角度探讨了企业环境绩效与企业经营产生的收益二者之间的互动关系,在对假设进行实证分析时,证实了二者间存在着正相关关系。1995 年,Porter 从一个新的视角分析了环境竞争力相关关系,环境规章政策的合理设计会促进企业的技术创新,对创新产生补偿作用,同时也应尽可能地弥补环境规章政策所带来的额外成本,使得企业的经济绩效与环境绩效达到"双赢"。1991 年,Wood 指出企业社会绩效是多维概念,其在衡量企业社会绩效时,不是仅将关注点集中在一个或两个社会责任领域,同时考虑了利益相关者的利益,其中包含各种投入、公司内部的行为等。2014 年,Luetkenhorst 认为,企业对利益相关者履行了社会责任,就会督促企业在生产技术、工艺等方面不断创新,从而有助于提高企业创新水平。

二、国内研究现状

(一)企业社会责任相关研究

1. 企业社会责任的理论性研究

1990年,袁家方提出了对企业社会责任这一概念的具体界定,企业要维持正常的生产经营活动,保证企业能够生存和发展,同时也要履行社会义务和维护企业利益相关者的权益的义务。也有学者从不同视角对企业社会责任的内涵提出了新的观点。2003年,陈宏辉等人从经济学的社会契约论视角分析了在综合社会性契约的驱使下,以及利益相关者的必要的利益需求促进下,企业要主动履行相关的公平分配、媒体合作共赢、生态环保可持续发展等社会责任。2007年,徐尚昆和杨汝岱从管理学的视角,对我国企业履行的社会责任的内涵进行了理论解析,通过构建包含经济、法律等9方面的责任内涵框架和开放式的实证调查,深入分析了有中国特色的我国企业社会责任。

2. 企业社会责任与企业绩效

2009年,田虹以通信行业上市公司作为实证研究对象,通过对企业竞争力、企业成长以及企业利润三者互动关系进行分析,进一步验证了三者间存在着正相关关系。2006年,李正基于利益相关者理论与社会资本理论进行系统分析,发现企业履行社会责任与企业价值之间存在着较弱的负相关。2008年,温素彬和方苑研究了企业履行社会责任对财务绩效产生的正相关与负相关的作用,发现在不同情境下作用也不同。2013年,付强等认为企业履行社会责任的行为是提高企业创新能力的重要手段,企业技术创新是企业经营方面的承担社会责任的重要战略。2013年,周璐等对企业履行社会责任与企业的创新能力二者间作用关系进行了分析,实证分析结果显示二者间存在正向促进作用。2010年,姜俊从产品、过程创新两个方面的视角深入剖析了创新和企业履行社会责任行为的关系,认为企业履行社会责任的目的是满足利益相关者对产品创新的需求,是供应链上下游企业在创新过程中履行社会责任。

3. 产业集群背景下的企业社会责任

目前,学者们基于产业集群,通过将理论与实证相结合,从多个研究视角对企业履行社会责任和产业集群网络治理进行了系统研究。

2013年,朱华友对产业集群的案例进行了研究,以家电和塑料产业集群为例,深入分析了社会资本和法律制度对企业履行社会责任行为的共同作用。学者们对产业集群社会责任的理论研究多是从网络视角进行的。2012年,张丹宁将产业集群社会责任嵌入网络组织中。2009年,陈军提出,企业履行社会责任与产业集群网络的网络结构之间存在着显著的关系,处于产业集群网络中的企业履行社会责任会改变网络结构,扩大网络规模,增强网络弹性;对产业集群网络组织结构的治理和对全球价值链条件下产业集群供应链上下游企业的治理相结合的治理模式，会促进产业集群创新与升级。

(二)低碳创新绩效研究现状

2010年，沈可挺研究了碳关税争端及其对中国制造业的影响，认为欧美国家针对高能耗产品征收特别碳关税可能会导致中国制造业面临较大的潜在冲击。2011年，张沛从低碳技术创新效应、产业结构升级效应等五方面全面分析了碳关税对中国制造业的长期影响。2013年，姚西龙等在研究技术进步、结构变动与工业的二氧化碳排放三者关系时明确指出，技术进步对二氧化碳减排有正向影响。2011年，潘雄峰等在进行中国制造业碳排放强度变动及其因素分解研究时指出，应该积极研发低碳技术，优化制造业产业结构，促进制造业产业结构升级走向规模化、低碳化和高端化。2012年，周文泳等在研究低碳背景下制造业商业模式创新策略时指出，创新策略为现代制造企业快速适应低碳经济背景下的生存需求，提供了借鉴性的指导。

除此之外，2012年，李先江认为低碳创新是低碳情境下建立在三重运作模式上的创新设计。2011年，王立军阐述了低碳技术对低碳经济发展的重要性，并通过构建区域低碳技术创新体系运行机制，提出了发展低碳技术的主要途径。2011年，陈文剑等指出，低碳情景中的经济发展模式需要外部因素对其进行支持，而低碳技术是低碳经济良好运行的必要支撑因素，作为低碳经济发展的核心部分，创新和应用的作用不可小觑；市场支持、技术和政策支持被认为是可促进低碳背景下的技术创新的重要因素，同时，市场失灵、路径依赖及锁定效应等因素也对低碳技术创新具有阻碍作用。

1.企业社会责任与低碳创新绩效

2010年，彭正龙和和王海花从利益相关者的角度对企业社会责任表现进行了维度划分，并以创新过程的3个阶段作为中介变量，构建了企业社会责任表现对开放式创新绩效的影响的概念模型，采用结构方程模型对概念模型进行调整与修正，探讨企业社会责任表现对开放式创新绩效的影响机理与路径。他们发现，企业社会责任表现的9个因子对创新过程的3个阶段产生不同程度的影响，进而在不同维度下对开放式创新绩效产生影响，这有助于指导企业的社会责任实践、完善创新过程以及提升创新绩效。2018年，李文茜等基于对知识理论的系统分析以及对企业利益相关者理论的系统整合，全面深入地分析了企业履行社会责任对企业技术创新绩效的提升所产生的非线性作用效果，并进一步结合权变理论探讨了组织惰性(企业规模和企业年龄)和外部环境(竞争强度和市场不确定性)对该影响的调节作用。其研究表明，企业履行社会责任对企业技术创新绩效具有倒U形影响，即企业履行社会责任在某一临界点前对企业技术创新绩效有正面影响，但超过该临界点后企业履行社会责任会对企业技术创新绩效有负面影响。

三、国内外研究现状评述

首先,国内外学者对企业创新的理论研究已经较为丰富和成熟,然而对于低碳层面的创新研究还有不足之处。国内外学者对低碳创新的研究多将研究目标设定为区域、城市或者广义的企业层面,鲜有针对特定类型企业的低碳创新研究,专门聚焦具有高能耗、高污染和高碳排特性的我国制造企业的针对性研究更是少见,因此现有研究对我国制造企业低碳创新的指导意义不大。

其次,国内外学者对制造企业履行社会责任提升低碳创新绩效的作用机理的研究较少。尽管也有学者对企业履行社会责任如何提升企业绩效进行了探讨与分析,但国内外学者关于创新绩效对于社会责任、经济责任、产业责任、环境责任等企业所承担责任研究较少。

最后,现有文献在制造业社会责任对低碳创新绩效的影响中,不同要素之间作用关系是否显著进行了系统的实证分析,但研究视角的不同也会造成制造业社会责任对低碳创新绩效影响实证研究缺乏可比性和可操作性。部分学者在研究制造企业社会责任对创新绩效的影响路径与影响机理时,通常基于不同的理论,从不同的研究视角将制造企业社会责任与财务绩效、企业绩效、供应链绩效等关联起来进行分析研究,并未关注制造企业社会责任对低碳创新绩效的影响。因此,为得到具有可比性的结论,应从同一研究视角构建具有效度的企业社会责任对低碳创新绩效的影响作用测量量表,从而进行深入挖掘与分析。

第三节 研究内容与研究方法

一、主要研究内容

本书研究内容主要包括以下几个方面。

(1)结合有关文献对制造企业社会责任及低碳创新绩效进行概念界定与解析,对二者之间影响过程涉及的中介变量及调节变量的作用、内涵进行分析。此部分为本书研究的基础。

(2)对制造企业社会责任与低碳创新绩效的影响因素进行分析,在利益相关者理论、企业环境资源约束理论、企业生态理论、低碳创新理论、企业声誉理论、集群认知理论、网络能力理论等系统理论基础上,着重分析企业声誉在企业社会责任对低碳创新绩效的影响过程中的中介作用。此部分为后面的实证检验奠定了坚实的基础。

(3)研究制造企业社会责任对低碳创新绩效的促进作用过程,根据产业集群知识流动理论、产业集群吸收能力理论、产业集群社会资本理论进行系统分析,明确集群低碳认知在企业履行社会责任、提升低碳创新绩效这一过程中的作用效果，以及企业社会责任在维护与提升企业声誉时的作用效果。

（4）制造企业履行社会责任与低碳创新绩效的影响机理研究建立在前面研究的基础上，从制造企业社会责任利益相关者入手，研究各个利益相关者对低碳创新绩效的作用机理，分析企业声誉、集群低碳认知在这影响过程中的促进作用、中介作用、调节作用，以及具有调节的中介作用。以此为基础，构建制造企业社会责任对低碳创新绩效影响的理论模型，并进行实证检验。

二、总体思路

通过对国内外学者相关研究的分析与梳理，系统构建基于"探索—建模—分析—实证—评价—建议"的研究框架，依据管理学研究中的归纳演绎范式进行全面深入的分析，形成基于企业履行社会责任、提升低碳创新绩效的逻辑分析与理论推演。

三、研究方法

（一）文献分析方法

研究初期，采用系统分析法、比较分析法、归纳演绎分析法、文献计量分析法，对相关领域的国内外研究学者的成果进行搜索与整理，重点关注社会责任的相关研究文献，选择适当的中英文关键词，在中英文数据库中分别搜索并下载题录，利用可视化文献分析软件，进行简单的文献描述性统计分析，识别出被引频次较高的文献，以及高频关键词，通过深入分析与整理，识别出企业社会责任与低碳创新绩效之间关系的成熟理论与主要学者的研究成果。进一步分析现有的相关研究理论，相关研究涉及的研究变量、分析与实证时用到的研究方法，寻找相关领域研究的空白点和本研究的拟创新点。

（二）实证统计分析方法

本书通过发放企业调查问卷来搜集样本数据，在理论分析以及对量表设计的基础上，采用验证性因子分析进行信度检验，采用结构方程模型、层级回归分析、典型相关分析、多重中介检验的实证分析方法。运用常规的统计软件 SPSS 20.0、A-MOS 17.0 对研究的假设与数据进行逐一验证。所涉及的分析内容主要有信度检验、效度检验描述性统计分析、相关分析、多元回归分析以及 Bootstrap 检验。最后，通过分析实证结论，进一步提出对策建议。

（三）组合动态评价方法

在构建的低碳创新绩效评价指标体系的基础上，对低碳社会责任背景下的高技术制造业创新绩效发展水平进行动态测度和评价。有学者采用灰色关联度分析法及层次分析法等进行评价研究，虽然具有独特的优点，但是确定指标权重时都具有主观性。根据熵值法确定指标的权重,既保证了指标权重的客观性,又克服了权重确定主观性所带来的误差。TOPSIS 法的指标权重的主观性会导致评价结果不准确,而熵值法在研究中完全弥补了这一缺陷。基于以上对研究方法的分析,本书选择熵值法 – TOPSIS 法组合动态评价方法进行评价分析。

第四节　本书创新之处

(1)阐明了制造企业利益相关者在低碳情境中,处于产业集群网络中履行企业社会责任的各项职能。通过剖析我国制造企业利益相关者的界定及各利益相关者履行的职能,实现了对低碳背景下的制造企业在承担社会责任时其利益相关者对提升企业低碳创新绩效影响的有效测度。与以往研究相比,本书实现了对企业低碳创新的评价和发展趋势预测,具有一定创新性。

(2)指明了企业社会责任对低碳创新绩效的影响的新路径。通过深入分析和结合国内外研究现状,依据企业声誉理论、集群认知理论、经济外部性理论等系统理论,得到了"企业社会责任—企业声誉—集群低碳认知—低碳创新绩效"的发展新路径。借鉴社会学习理论的环境—认知—行为的交互作用论,提出了企业履行社会责任行为与集群低碳认知的交互作用,优于以往单一的作用路径,指明了多角度提升制造企业低碳创新绩效的具体路径。

(3)构建了制造企业社会责任对低碳创新绩效的作用机制模型,基于利益相关者的主体职能,将处于集群网络中的主体囊括在一个联合作用机制框架中,将制造企业社会责任、企业声誉、集群低碳认知和低碳创新绩效纳入作用机制模型,实现了不同的作用路径与作用效果。与以往研究相比,本书的作用机制模型全面涵盖了制造企业低碳创新绩效的影响因素、作用效果及路径,采用层次回归分析、Sobel 检验法等方法对作用路径进行求证,为传统的企业创新绩效提升的研究范式提供了新的可循方法和思路。

(4)构建了基于低碳社会责任背景下的高技术制造业创新绩效的三维评价体系和组合动态评价模型。从低碳创新资源绩效、低碳创新经济绩效、低碳创新转移绩效三个维度构建了低碳创新绩效评价体系,将熵值法和 TOPSIS 法相结合构建评价模型,实现了对制造业低碳创新绩效进行客观的动态评价。与以往研究相比,本书采用的熵值法保证了指标权重的客观性,避免了权重确定的主观性所带来的误差,同时解决了 TOPSIS 法带来的指标权重的主观性导致评价结果不准确的问题,为提升制造业低碳创新能力以及产业竞争力提供了重要理论与实践指导,具有一定的创新性。

第二章 制造企业社会责任与低碳创新绩效理论解析

第一节 制造企业社会责任概念界定与解析

制造活动是指人类通过对自身所掌握的知识和技能的运用和演绎,利用自然界存在的天然工具或人类生产出的客观物质工具、机械工具或机械装备,采用特定的工艺和手法,将原料转化为待迭代制造的初级产品或最终产品的过程。制造企业是人类从事制造活动的载体,其主营业务是生产制造活动,制造企业的职能使得其已然成为国民经济的支柱产业。制造企业具有人力资本密集,能源和原材料消耗巨大,价值创造、财富创造和知识创造能力极强等特点。鉴于制造企业的上述特点和所涉及行业的广泛,以及其所使用的原材料、产品的加工处理过程、所使用的动力能源大多具有高碳的特征,制造企业发展所面临的节能减排和降碳压力不言而喻。这也是本书以制造企业为研究对象的重要原因之一。

一、制造企业社会责任概念及维度划分

(一)企业社会责任

世界上第一本社会学学术期刊《美国社会学期刊》创刊号的发行标志着企业社会责任观的萌芽出现。1924 年,Oliver 首次提出了企业社会责任这一概念。1924 年出版的《管理的哲学》中,也提到了企业社会责任这一概念。国内外学者从以下几方面阐述了企业社会责任的内涵。

1. 公司责任

有学者认为,公司责任作为经济责任、法律责任、道德责任和社会责任的集合存在。Carroll 认为,除经济责任、法律责任外,伦理责任与慈善责任也应作为公司责任集合中的元素存在。社会责任和环境责任也被有些学者认为是公司责任必要的组成部分,其中,环境责任主要包括维持环境的可持续发展、降低自然资源消耗及减少废弃物排放。

2. 企业行为

企业社会责任与企业的决策结果有关,企业应根据有关的政策,按照社会的目

标和价值,履行企业的义务,并采取正确的行动。

3.行为目标

企业生产经营过程中所采取的超越自身经济利益和社会利益的决策活动,被认定为企业所履行的社会责任。企业通过自由决定的商业行为以及捐献企业资源来改善社区环境与提高社区福利,以此履行企业的社会责任,对企业的可持续发展有着良好的促进作用,而企业在法律、经济方面的责任则常被忽略。

有些学者梳理了与企业社会责任有关的理论,对企业履行社会责任的内涵进行了界定。

1.利益相关者理论

Oliver认为,道德责任超越了其他方面的责任,他将企业社会责任看成一种义务或是规范,要保障除股东以外其他利益相关者的利益。有学者将利益相关者认定为履行责任的对象,认为企业需要承担的责任主要是经济、法律和道德三方面社会责任的集合。

2.企业权利理论

作为生产经营活动中的重要个体,企业对社会资源的利用,会对社会成员及社会环境产生影响。"责任铁律"强调了责任、权力二者密不可分的关系,企业所享有的权利与其应该承担的责任平衡共生,"责任越少,权力越小"。"国家干预理论"最大限度地避免了对制度权利的滥用。凯恩斯也提出了预防滥用制度权力的应对机制。企业有责任履行一定程度的社会责任。

经济全球一体化的迅猛发展,使得企业社会责任逐步向全球化发展迈进,一些国际组织或机构对企业社会责任的定义见表2.1。

表2.1　一些国际组织或机构对企业社会责任的定义

时间	国际组织或机构	对企业社会责任的定义
1992年	社会责任商业联合会	企业超越或符合社会对商业组织在道德、法律、商业和公众等方面的期望,包括创造员工关系及维持就业机会,投资于社区活动、环境管理及经营业绩等方面
2002年	世界可持续发展工商理事会	企业将社会和环境的价值观与理念结合到公司的核心业务中,在利益相关者的参与下提高企业社会利益
2002年	国际商会	企业对其履行社会角色的自愿行动负有的主要责任
2003年	世界银行	企业与主要利益相关者的关系、价值观、遵纪守法以及对人、社会、环境的尊重等实践和政策的集合,是企业为改善利益相关者的生活质量而贡献于可持续发展的承诺

表 2.1（续）

时间	国际组织或机构	对企业社会责任的定义
2003 年	欧洲委员会	企业在自愿的基础上,将社会和环境与其经营运作和与利益相关者的互动紧密整合
2003 年	世界经济论坛	公司道德标准,包括遵守法律、国际标准,防止腐败贿赂,遵守道德行为准则及商业原则;对人的责任,包括员工安全、就业机会均等、反对歧视、薪酬公平;对环境的责任,包括维护环境质量、使用清洁能源、共同应对气候变化;对社会发展的贡献,主要指广义的贡献,包括传播国际标准、为贫困地区提供产品和服务,使其成为企业投资、慈善行动的一部分
2008 年	联合国工业发展组织	企业在进行战略规划和实施战略规划过程中,使其所有利益相关者之间达到一种利益平衡

资料来源:由作者整理

从表 2.1 中可以看出,各国际组织或机构对企业社会责任的定义侧重点各不相同,但也有共同点,各国际组织或机构对企业社会责任的定义基本上都覆盖了企业在环境、社区、就业等方面的责任,也说明了企业自身应意识到其经营活动和商业行为对利益相关者产生的经济、社会和环境影响。

(二)低碳责任

在低碳发展背景下,为了实现经济社会的可持续发展,除了"经济利益"外,还需将"社会适应性"和"环境适应性"作为企业经营活动的组成部分并反映到企业经营战略的实施中,外部环境对企业的综合评价不仅要在财务绩效方面对经济效益进行深入分析,在社会与环境效益双重作用下对企业的价值衡量将更为全面。企业要履行低碳责任,就要在生产、管理及生产后的三废处理等方面履行社会责任,并在技术上不断创新,更好地保障社会责任的履行。基于利益相关者理论,企业在低碳情景中履行社会责任,也要考虑利益相关者在低碳生产、低碳技术、低碳创新方面的诉求。

本书认为,低碳责任是企业在采购、生产、销售和管理的全过程中坚持低碳化,努力减少温室气体排放,实现低排放乃至零排放,同时提高能源效率、降低能源消耗,用低碳能源或无碳能源支持经济活动的可持续发展。在绿色低碳发展背景下,企业履行低碳责任要从生态环境与经济发展综合的角度出发,使企业在生产产品时将低碳理念渗入从低碳设计、低碳制造到低碳消费的全过程,协调生态环境与经济发展的关系,在低碳技术方面不断创新,为改善污染现状、实现绿色生产承担相应的责任。

（三）产业社会责任

Berle 和 Manne 曾关于管理者受托责任是否应该包含企业履行社会责任这一职能进行了争论。"污染恐慌""食品安全""诚信危机"以及"价值冲突"等多方面的负效应促使学者们对"企业是否应该履行社会责任"这一问题达成了共识。Davis的"责任铁律"理论与 Peter 的"行善赚钱"战略思维支持企业社会责任的建设。在学者们认为企业应该履行社会责任的前提下，企业在强化自身建设的同时，如何实现合作共赢已成为当前研究的焦点问题。因此，为了突破原有的企业层面的研究，政府、非政府组织和产业联盟等产业集群网络中的组织对企业履行社会责任的建设，主要从企业社会责任的发展趋势方面进行开展。现阶段企业履行社会责任观念的多样化，产业网络组织的集群化，承担相应责任的多元化等特征随之凸显。基于产业集群网络的演化视角，企业社会责任的发展态势经历了三个阶段，从企业社会责任到供应链社会责任，再到产业集群社会责任，发展路径的不断演化促使企业履行社会责任的主体从企业个体逐渐转变为产业联盟。

本书认为，产业社会责任是基于组织结构的视角而言的，产业集群网络包括价值链网络和产业生态网络两个层面，价值链网络既包括横向价值链网络（竞争企业），又包括纵向价值链网络（供应商、客户）。企业在关注自身社会责任建设的同时，还要对相关贸易伙伴的行为负责，构建和谐、共生的价值链系统。产业集群网络组织形态中，履行企业社会责任需要各关系网络中正式组织、非正式组织共同发挥作用，需要政府、企业及中间组织的协作。

（四）企业社会责任维度划分

从理论视角分析，企业社会责任被认为是笼统的术语，被学者们看作一个多维度的概念。国际经济发展委员会提出了"三个同心圆"理论模型，认为企业社会责任由三个有明显界线的同心圆构成，内圈的责任体现为企业最为核心的责任——经济责任，中圈的责任体现为在经济责任的基础上还要考虑企业员工关系、环境污染等社会价值的变动，而最外圈的责任主要体现为企业需要考虑的改善社会环境的责任。美国注册会计师协会认为企业社会责任包括社区参与、人力资源、自然资源和环境、产品与服务四个大类。

Carroll 的"金字塔模型"认为企业社会责任分为经济责任、法律责任、伦理责任、慈善责任。Sethi 针对不同时代社会需求的不同，将企业社会责任分成三类，即社会义务、社会责任和社会回应。Steiner 将企业社会责任依据对内外部环境影响分成内在社会责任和外在社会责任。Brummer 认为企业责任包括经济责任、法律责任、道德责任和社会责任。Trotman 认为企业社会责任包括环境信息、能源、人力资源、产品、社区参与等。Gray 将环境、能源、慈善和政治捐赠、社区等15类归纳为企业社会责任的构成要素。徐尚昆等学者讨论了国外企业履行社会责任的现状，归纳出社会责任包括经济责任、法律责任、环境保护等8个方面。

基于以上分析,本书认为,制造企业社会责任是企业对利益相关者所承担的责任(创造利润,对股东履行经济责任,同时对员工、消费者、社会及环境承担责任),在低碳经济背景下的制造业的社会责任主要体现在其在低碳生产、低碳制造以及社会环境保护方面所要承担的相关责任。

二、制造企业社会责任理论基础

利益相关者理论是近年来学术界的研究热点之一,它的提出让实现股东利益最大化不再是企业生产经营的唯一目标,也关注了企业利益相关者中的其他群体的利益,例如员工、消费者、供应商、债权人、环境和社区等。20 世纪 60 年代,利益相关者理论处于萌芽阶段,从广义视角分析的利益相关者理论认为凡是"可以影响到企业组织目标的实现或受公司目标影响的群体或个人"均可认定为企业的利益相关者;从狭义视角分析的利益相关者理论将责任及相关利益主体的可识别性作为研究对象。Carroll 提出 ,利益相关者为"那些企业与之互动并在企业里具有利益或权利的个人或群体"。Michell 则主张通过识别利益相关者的三个关键特征(权力、合法性和紧迫性)来识别企业的不同类型的利益相关者。Freeman 认为,"我们必须把经济活动理解为一种'为利益相关者创造价值'的工具",这是对利益相关者理论的高度概括。从企业战略管理视角分析,利益相关者对企业战略管理的重要性使得企业的首要任务是重点关注企业利益相关者的利益获取,并在相关利益主体间的互动关系中寻求企业生产经营的顺利、平稳运作,实现企业绩效的提升。

三、制造企业社会责任影响因素

目前,已有部分国内外学者对企业社会责任的影响因素进行了分析与探究,主要从三个方面研究了企业社会责任的影响因素。其一,从企业管理者的视角,认为企业社会责任的影响因素有社会责任态度、职业背景与任职期限、伦理承诺、价值观,以及薪酬结构。其二,从企业内部组织的视角,认为企业社会责任的影响因素包括企业治理结构和企业财务绩效。其三,从企业外部环境的视角,认为企业社会责任的影响因素主要是外部压力。

利用方差分析的方法,Sturdivant 认为企业社会责任表现与企业高管对待企业和社会关系的态度之间存在正相关的关系。在战略领导理论的基础上,Thomas 进行了关于企业社会责任影响因素的实证研究,认为企业社会责任表现受到高管职业背景的显著性影响,也就是说,企业社会责任表现受到输出职能的背景与高管任期的正向作用,生产职能的背景则对其具有负向的作用。企业高管的伦理承诺可以推动企业更好地履行社会责任。Weaver 和 Swanson 认为企业伦理计划是企业社会责任的重要衡量依据,企业的高级管理人员在履行企业的经济责任和伦理责任方面起到了正向的促进作用。Wood 提出的企业社会绩效模型中,也强调了个人价值观对企业社会责任表现的影响作用。但也有学者持有相反意见,认为管理者价值观对企业社会责任表现的影响有限,Agle 研究发现,高管价值观对社区维度的社会责任表现有显著影响,而无法显著影响到员工、产品和环境等维度的社会责任表现。McGuire 从薪酬结构的角度探究了企业社会责任表现的影响因素,认为企业社会责任表现的劣势与高管的工资、长期激励、奖金分别呈显著正相关、显著负相关和不相关关系。Mahoney 认为高管的薪酬结构与企业社会责任表现呈正相关关系。

Neill 提出,外部董事对企业社会责任表现的导向比内部董事更强。Stanton 认为,外部董事在董事会中所占比例与企业的社会责任表现显著正相关。但也有些学者认为,二者并不存在相关关系,Kesner 的研究证实,董事会中外部董事的任命与企业社会责任表现不存在正相关关系。在这个领域没有一致性的结论。

除此之外,学者们不再局限于对单个因素对企业社会责任的影响的研究,而是将视角转向多因素对企业社会责任的影响。在经典的企业社会责任三动力模型中,Schwartz 和 Carroll 提出,经济、制度和道德是企业履行社会责任的动力来源,把内在动因和外在动因合并在一起,最理想的状态即经济、制度与道德共同驱动的状态。Juholin 认为,内部和外部驱动的作用近乎等同。许正良等通过构造弹性模型,研究发现企业社会责任实践需要结合顾客价值、企业价值和目标。王世权等认为,政府推动、企业自律和社会监督三者的互动能够促进企业社会责任的形成。李双龙认为,社会文化、利益相关者需求、企业产权性质、跨国影响、心理预期等均为企业社会责任的影响因素。田虹认为,企业社会责任的影响因素具有宏观、中观和微观三个构面的框架,但是该框架的构思主次不清晰,过于模糊,无法提炼出企业社会责任的关键影响因素。Basu 和 Palazzo 认为,企业之所以愿意做出履行社会责任行为,是由于企业社会责任的驱动因素(图 2.1)的存在。

基于国内外学者对企业社会责任的研究,本书形成了企业社会责任理论分析模型,如图 2.2 所示。

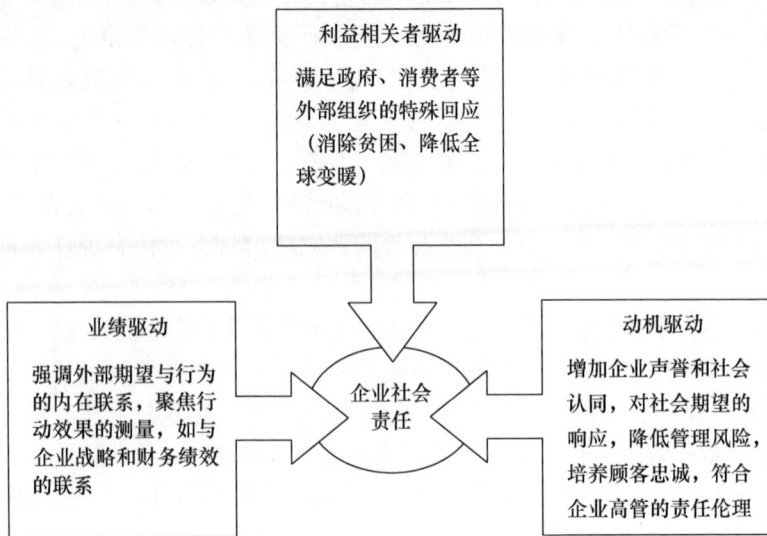

图 2.1　企业社会责任的驱动因素

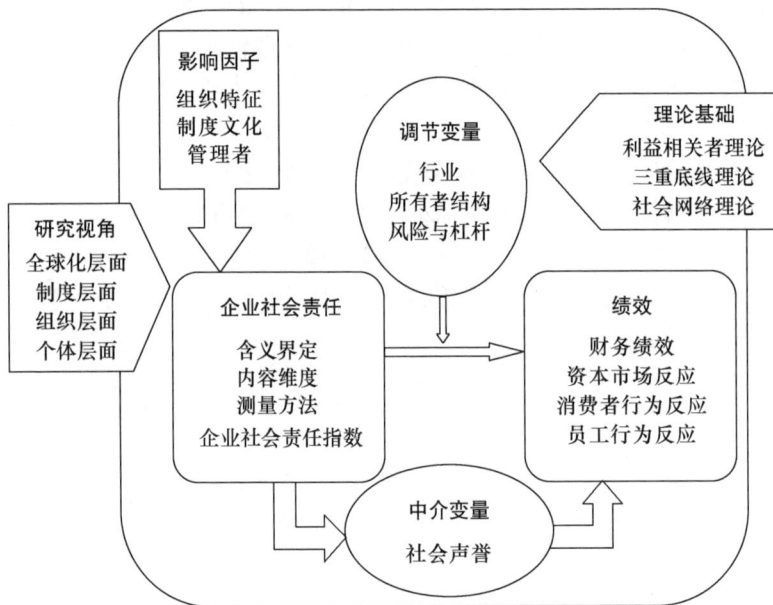

图 2.2　企业社会责任理论分析模型

第二节　低碳创新绩效概念界定与解析

一、低碳创新绩效的内涵

(一)低碳创新

1912 年,熊彼特在《经济发展概论》中对创新一词进行了定义,认为创新必须具备毁灭性或突破性特征,是对旧模式、旧方法、旧创造的破除。将新的生产要素、生产关系、生产环境或它们的新组合引入生产体系即为创新。创新需要包含的情况有:新材料和新产品的引进、新方法的使用、新市场的开辟或新供应源的发掘。此后,创新带来的巨大变化及其所蕴藏的潜力,使创新理论和创新实践以前所未有的速度得到完善并飞速发展。低碳创新作为实现温室气体减排目标的重要路径之一,已经得到世界各国的广泛认同。区别于传统创新,为应对气候变化而出现的创新活动对整个社会技术系统提出了新的要求,学者们将这种创新活动称为低碳创新、气候变化创新、与气候相关的创新等。低碳创新不仅涉及创新主体对低碳技术的研发与应用,还涉及社会技术系统的低碳转型,不仅涉及碳税和碳排放交易机制等新的方法和手段,还涉及由此产生的新的市场规律和经济体制。

由此可见,对低碳创新的解析应从更加宏观的视角进行。陆小成认为,"在一定区域内,以降低碳排放,提高能源效率,实现区域低碳转型与低碳经济发展为基本目标,技术、制度、管理、文化等多方面的低碳化的创新手段和工具的集合构成了低碳创新"。李先江曾指出,"低碳创新在产品技术、概念或商业运作模式上具有创新和低碳设计,并使用了低碳价值网创新为顾客传递价值,由低碳价值主张创新和低碳价值网创新两个维度所构成"。

低碳时代的呼唤赋予了企业创新全新的内涵和意义,随着全球雾霾问题的凸显和低碳理念的贯彻,传统意义上的单纯以提高经济效益和生产效率为着眼点的创新理论与创新实践已凸显弊端,不能满足企业对经济、社会、环境全面发展的需要,在这种情形下,以绿色、可持续为发展方向的企业低碳创新理念应运而生。低碳创新是以低耗能、低污染的绿色经济为基础,通过技术、制度、政策等手段,提高效能、节约能源资源、保护生态环境和节能减排的一种创新模式。已有研究对低碳创新的内涵存在不同的看法与观点,但学者们对于低碳技术创新在发展低碳经济中所扮演的角色的关键作用已达成共识。

(二)绿色创新

Foster 和 Green 认为,绿色创新是从传统意义上的技术创新管理理论中衍生出来的概念。Schiederig 等在对数据库文献进行计量分析后,对可持续发展创新、环境创新、生态创新和绿色创新的定义进行了比较,发现了几个概念间的细微的差别,见表2.2。可持续发展创新的运用范围与其他三者相比较为宽泛,它更突显社会效益维度的方面。

表2.2 可持续发展创新、环境创新、生态创新和绿色创新定义比较

创新概念	创新目的	市场导向	环境方面	阶段	动机	水平
	产品、工艺、服务、方法	满足客户需求、获得市场竞争力	降低鱼面影响,最佳效果为达到零影响	为了减少使用的原材料,必须要考虑全生命周期	达到经济或生态的效果	为企业设定新的绿色创新标准
可持续发展创新	▲	▲	▲		▲	▲
环境创新	▲	▲	▲		▲	▲
生态创新	▲	▲	▲	▲	▲	▲
绿色创新	▲	▲	▲		▲	▲

资料来源:根据 Schiederig 等的文章整理获得

此外,Cheng 等将生态创新分为外部和内部的生态创新,外部生态创新是企业所有绿色和可持续发展的创新活动,而内部生态创新则主要体现在组织管理、生产工艺和新产品开发方面。Chen 等在研究绿色创新绩效影响时指出,绿色创新在环境管理环节中体现在节能、污染防控、废物循环利用、绿色产品设计等方面。Huber 提出,环境创新运用新型技术或生产新产品能够显著提高生态效率或者改善生态的代谢率。

Horbach 指出,低碳环境中的企业创新是系统性的组织和管理层面的创新,其实质是企业追求减少污染排放和避免损害环境而对产品和服务进行新工艺、新技术、新系统的引进和改良。成功的低碳创新对于优化企业的环境和社会成本,履行企业承担的生态和社会责任,提高经营绩效具有显著效果。还有学者从技术先导性角度对企业低碳创新进行定义,认为低碳技术创新就是低碳创新的实质,从技术创新特征的角度指出低碳创新是以减少环境依赖、促进环境保护、控制尾端废气排放为目标的新技术研发和实施,也称绿色技术创新。也有学者从低碳创新作用于产品生命周期的角度入手,指出企业低碳创新是在产品生命周期全过程中加入低碳理念,精简和缩短产品生命周期链条,降低产品生命周期各环节成本的创新模式。

(三)创新绩效

最早提出创新研究的是经济学家熊彼特,他认为企业的创新不仅包括新产品

或新技术的应用,还包括新市场的开辟、新原料的运用以及新的组织形态的出现,此项研究吸引了众多学科的学者们对创新进行持续的关注。在现有的有关创新的研究中,学者们对创新概念的界定至今仍未达成统一的看法。创新一词,在现有研究中经常会与创造、知识、变化等相关词汇产生联系。Iansiti 认为,创新是各种发明与现有产品和过程要素整合的产物。

从狭义上理解,创新绩效是市场中引入新产品、新技术及新设备的百分比。学者们依据管理学领域提出的观点认为,企业的创新能力是企业绩效最终的决定因素。有学者认为,从企业层面的角度,创新是一个企业的动态能力的核心,且是企业获取和保持竞争优势的必要因素。

从广义上理解,创新绩效是一个创新理念从产生到进入市场的全阶段,主要包括新创意的产生、研究开发、产品试制、新产品的生产制造等方面。此外,创新在企业的发展和生存过程中担当了关键的角色。Chen 和毕克新等在研究制造业绿色创新系统创新绩效的提升策略和影响因素的识别时,从产品和工艺两个方面对创新绩效进行了分析,在研究企业实施绿色技术创新时对软件、硬件的绩效进行了系统分析,指出绿色创新包括节能、防控、产品的绿色设计等方面。

(四)制造企业低碳创新绩效的内涵

在企业创新研究领域,创新绩效一词被学者广泛应用于对创新效果和创新结果的衡量。王长峰指出,创新绩效既能表明企业创新活动所取得的成效,又具有有效衡量企业创新活动强度的作用。尽管有很多学者使用创新绩效这一词,但创新绩效的内涵并未没有公认的明确定义。刘满凤认为,创新绩效是以追求企业表现出生产效率提高、经济效益扩大为前提的一种资源投入,通过投入和产出两方面指标反映绩效优劣。Freeman 等认为,创新绩效是衡量企业将发明和创造引入市场的努力程度的指标,通常可以通过新产品、新流程、新设备和新工艺的引入率进行衡量。Hagedoorn 等从更广义的视角指出,创新绩效是在从创新想法产生到创新成果进入市场的整个过程中,企业所获得的发明、产品或技术方面的成绩,创新绩效是对创新活动结果的描述。分析可知,以上对创新绩效的定义分别侧重创新活动的导向、创新活动的实施过程,以及创新活动的实施效果。本书拟通过对上述定义进行整合,沿着创新导向、创新实施和创新效果这条主线,对制造企业低碳创新绩效进行定义。

直观来看,制造企业低碳创新是指制造企业在低碳经济背景下采取一系列应对措施,进而取得创新活动预期所要达到的效果和目标。分析可知,低碳经济对制造企业的创新导向作用主要体现在以下几个方面:首先,低碳经济对于制造企业来说是一种低碳机遇。制造企业通过实施低碳生产,打造低碳品牌,形成低碳习惯,走上低碳之路,取得低碳收益。其次,低碳环境对企业创新具有约束作用,这种约束作用不单单来自于企业竞争和低碳壁垒,也来自于企业所面临的经济、社会和环境的多重危机引。这种约束作用迫使企业通过创新行为来转变观念、转变模式,甚至转变目标。再次,制造企业创新绩效的衡量和实施对象必须涵盖企业生产运营的各个关键流程,是各个环节体现创新成果的程度。最后,低碳创新绩效的衡量还必须落实到创新过程中对低碳理念和低碳目标的考察方面,是对企业创新环节中绿色、循环、节能、减排、节约等低碳目标的有效考量。

综上所述,基于制造企业履行社会责任的行为特征,本书认为,低碳情境中制造企业的低碳创新绩效是制造企业以低碳机遇和低碳约束为导向,以实现降低企业外部成本为目标,对制造企业在技术研发、产品生产和管理运营等创新环节中绿色、循环、节能、减排、节约等低碳目标实现程度的衡量,提升制造企业低碳创新绩效对企业长久可持续发展有很大的帮助。

二、低碳创新绩效影响因素

国内外学者均对创新绩效的影响因素进行了研究结。Su 和 Woerter 认为,技术推动与需求拉动对创新绩效的影响是显著的。Palm 等研究了制造企业创新绩效,指出需求拉动对制造企业的创新绩效有明显的促进作用,技术推动对制造企业创新绩效的作用不明显。Brockhoff 指出,研发活动所投入的资金与人才在一定程度上影响着产品创新绩效与工艺创新绩效,对创新绩效而言,创新投入属于关键变量,同时也是增强竞争力的关键因素。Hamamoto 认为,研发投入与污染可控外流显著正相关,创新活动对环境规制有显著影响。Buesa 以德国 97 个地区为样本,用回归分析的方法研究了创新绩效的指标,并提出区域技术创新能力主要由企业研发人员规模、产业特征、城市化程度、就业结构、经济结构、财务状况、大学和技术学院数、企业成立情况、潜在的人力资本、人力资本质量、公共研究机构数和区域吸引力构成。Lecturer 等研究了美国研发投入对创新过程的影响,并提出社会经济因素、创新系统对创新有一定的影响。Bi 等认为,市场拉动、科技进步、政府管制对全球价值链下的制造业低碳技术研发、制造、营销绩效具有促进作用]。

国内学者在创新绩效影响因素方面指出低碳创新绩效是多种因素共同作用的结果,主要包括知识管理、技术获取能力、合作关系、组织开放度、技术转移、组织学习能力、创新能力及吸收能力等。黄山松等通过研究发现技术效应和政府影响力对二氧化碳排放效率产生了正向效应。池仁勇等研究了创新效率的影响因素,发现企业制度、投入强度等因素对区域技术创新绩效有正向效应,政府方面的技术创新投入对创新效率并无显著影响。樊华等指出,工业结构、对外开放度、高等教育发展水平对科技创新效率具有显著影响,而政府影响力对科技创新效率无明显影响。李东红等认为,政府管制是企业创新活动的重要影响因素。李世祥等通过对工业行业面板数据的分析,对中国能源效率进行了评价,研究结果表明技术创新对能源效率的改进有重要影响,加强科技投资与科技创新与实现生产技术持续进步有着显著关联。

三、低碳创新绩效评价指标

学者们从各个视角对创新绩效评价进行了分析,而目前学术界对制造企业低碳创新发展的评价研究还很少,也并未形成权威的指标体系。谢晶等经过研究发现,我国制造业正处在低碳转型升级的关键时期,其先进性程度还有待提高,需要进一步通过经济、科技和环境等方面的因素来体现和衡量。徐士元等认为,企业低碳创新要求企业在提高效益的前提下兼顾节能减排,在现有的经济形态下依靠科技进步、环境友好等因素的协同带动作用探索新的创新发展模式。Schipper 指出,能源结构的变动和优化是制造业在环境方面创新程度的有效衡量指标。低碳创新评价指标归纳见表 2.3。

表 2.3　低碳创新绩效评价指标归纳

学者(时间)	低碳创新绩效评价指标
向刚等(2011)	新产品(工艺、服务)收入占全部销售收入的比例、持续创新对企业经济效益增长的贡献率、所获专利授权数、技术标准级别及数量、品牌创新绩效、新产品环保性能、新技术减排率、新技术每万元能耗减低率等
Lin 等(2011)	体现绿色企业创新能力的指标:绿色规划和管理能力的保证、行为和整合能力,开展绿色创新项目的能力,创造绿色的知识和技能的能力,绿色的信息和通信能力,与外部环境互动的能力,绿色的运作能力
王青云等(2004)	创新产品品种数、创新产品国内市场占有率、创新产品国外市场占有率、创新产品质量提高率、创新产品单位成本降低率、物质消耗降低率、创新产品利税率、工作条件改善程度、生产效率提高率、技术创新对社会贡献率、技术创新社会积累率、环境状况改善程度、资源利用效率、对社会相关产品的带动程度
刘志华等(2014)	企业投入、高校投入、科研机构投入、科技中介机构投入、地方政府投入、创新基础设施条件、创新文化氛围、创新制度体系、沟通机制与过程、协同行为、企业产出、高校产出、科研机构产出、科技中介机构产出、地方政府产出、经济影响、社会影响

表 2.3（续）

学者（时间）	低碳创新绩效评价指标
Hagedoorn 和 Cloodt（2003）	R&D（research and development，研究与开发）投入、专利申请数量、专利引用数量和新产品发布数量
Alegre 和 Chiva（2008）	创新效益和创新效率。创新效益指标包括新产品扩展、市场占有率、新市场开辟等；创新效率指标包括平均开发时间、工作时间和平均成本等
高建等（2004）	产品创新的总数量、新型产品的市场占有份额、产品创新的销售额占比、产品创新竞争能力、专利数、产品创新的商业化成功比例、研发成功比例、企业整体成绩和效率、能源投入产出变化率

资料来源：作者整理

第三节　企业声誉概念界定与解析

一、企业声誉的内涵

在学术界，有关企业声誉的研究，国内外学者几十年前就已形成理论体系，但对于企业声誉的内涵等方面的研究，由于研究角度不同，现阶段还未形成统一的看法。本书通过梳理国内外学者的研究成果，从不同的研究视角剖析企业声誉的内涵、影响因素及维度等，并提出适合本研究的观点。

国内外学者基于不同的视角对声誉进行了深入剖析，但仍然没有形成统一的观点。1997 年，Charles Fombrun 和 Ceees Riel 共同创办了《企业声誉评论》杂志，同时提出企业声誉是相较于其他处于领导地位的竞争对手，一个公司过去的企业行为和未来的企业发展前景对所有的企业利益相关者产生的关注力，这个观点在当时被广泛认同。而对于 Fombrun 的观点，Gray 和 Ballmer 提出，企业声誉是企业的利益相关者对企业自身特性的认知方面的评价，而忽略了企业情感的要素。企业声誉通常被概念化为利益相关者对企业的总体意识、态度和评价。Fombrun 和 Shanley 认为企业声誉可以理解为公众对企业以往行为和未来前景的感性评价，它描述了企业与关键竞争对手相比的整体吸引力。Laufer 和 Coombs 则认为企业声誉是企业外部长期形成的对企业遵守承诺、满足利益相关者预期的评价。

国内外学者提出的企业声誉内涵，主要针对书面理论，而对企业声誉的影响机制、测度等方面要基于组织理论视角讨论。企业声誉是企业的外部表现、企业品牌在营销领域产生的影响的表现，可以被认为是组织的一般性，表现了大众对企业的评价。与企业形象不同,企业声誉更全面地反映利益相关者的主观判断,主要包括顾客和企业员工等直接群体,及通过企业形象判断企业声誉的群体。公众的认同与企业形象所构成的函数,其重要程度远高于企业形象。如果说企业形象是公众在短时期内对企业产生的认知,那么企业声誉则更具体地体现了公众对企业价值特性的判断。与企业形象相比,它的建立需要消耗更长的时间和付出更多的精力。

　　本书从不同视角梳理了国外学者对企业声誉的理解。按学科类型划分,国外学者从经济学和管理学视角分别对企业声誉进行了探讨。经济学家曾用博弈论解释了企业声誉。博弈论观点认为企业声誉是博弈双方确定策略的判断依据,其具有功能性,使利益相关者和民众对企业形成认知,并让利益双方产生稳定的相互作用。管理学家认为企业声誉是从不同视角判定的无形或有形资源,是对企业表象的认知,是企业利益相关者在对企业了解过程中形成的,它代表了企业的文化和身份特征。

　　表2.4为企业声誉相关理论观点归纳,可以发现,学者们从经济学和管理学视角对企业声誉所作的定义,主要可分为两类,一类强调了企业利益相关者对企业的认知、感觉及印象;另类主要强调了对企业利益相关者的评价、看法和判断。

表2.4　企业声誉相关理论观点归纳

视角	学者(时间)	相关理论观点
经济学	Weigelt 和 Camerer(1988)	声誉是企业在行动中所形成的企业属性,是博弈方决定自身策略的判断依据
	Fombrun(2000)	声誉是在特定环境中企业可能出现的活动特征或信号
	Spence(1974)	声誉的特征为信号的传递,获取最大化的社会地位
	Grossman 和 Stiglitz(1980)	消费者对声誉的依赖表现在对产品特征、质量和可靠性
	Shapiro(1983)	声誉是信号传递的作用结果
管理学	Deephouse(2000) Caves 和 Porter(1977)	声誉是行业结构层面一个独特的组成元素,它限制企业行动和对手的反应
	Fombrun 等(2000)	无形资产可认为是商誉,无法测量但可以给企业创造价值
	Barney(1991)	企业声誉的资源是能够增强效率或效果的财产
	Wartick(2002)	企业声誉可用函数表示为形象特征和身份特征的总和

表 2.4(续)

视角	学者(时间)	相关理论观点
评价	Shrum 和 Wuthnow(1988)	企业声誉是是否良好与是否强烈之间的评价
	Fombrun 和 Shanley(1990)	企业声誉是对社会的看法与认知
	Gotsi 和 Wilson(2001)	企业声誉是对企业做出的全面评价
	Manfred(2004)	企业声誉是在态度模式下对企业特征的感知或了解
	Bennett 和 Rentschler(2003)	企业声誉是对组织长期形成的属性的价值判断
	Mouritsen 和 Gabrielsen(2001)	企业声誉是受众在感知和评价基础上对公司所做的判断
认知	Rosa Chun(2005)	企业声誉是所有利益相关者对企业感知的集合
	Tucker 和 Melewar(2005)	企业声誉是对组织的感知
	Rose 和 Thomsen(2004)	企业声誉是利益相关者对特定公司的认知

资料来源:作者整理

二、企业声誉的作用

从经济学视角分析,学者们采用理论推演的研究方式研究企业声誉,并认为企业声誉的作用始终与身份特征和信号传递以及其信任、激励、约束等演变功能无法分割,它是逐渐减少信息地理位置不对称的一种信号传递机制。博弈论观点认为,与企业有竞争关系的其他企业以声誉作为信号,并将信号传递给市场潜在进入者,尽量阻止其进入市场。企业声誉的作用相关理论观点归纳(经济学视角)见表 2.5。

表 2.5 企业声誉的作用相关理论观点归纳(经济学视角)

学者	时间	相关理论观点
Kollock	1994	企业声誉对企业信任度有正向显著效应
Bohet 和 Huck	2004	企业声誉体系促进企业信任的提供与可信性动机的产生
金雪军,余津津	2004	企业声誉是一种隐性契约,可以降低交易成本并减少信息地理位置不均衡
孙早,刘靠柱	2005	企业声誉作为一种契约治理机制,填补了国家强制的契约"空隙",并且需要有一个足够发达的社会商业网络支撑

表2.5(续)

学者	时间	相关理论观点
罗静,曾菊新	2003	企业网络声誉会促进产业集群的发展
Carter 和 Manster	1990	企业声誉对信息产生以及中介认证方面有重要的影响
Tadelis	2002	企业声誉模型中,道德风险和逆向选择机制存在互动关系

资料来源:作者整理

从管理学视角分析,管理学家在运用经济学模型和博弈论研究企业声誉作用以外,侧重使用归纳演绎法分析企业声誉产生的实际作用。在管理学界,关于企业声誉的作用的观点可分为两类:一类单纯从管理的观点出发,关注企业为了维护企业形象而为利益相关者提供的质量;另一类关注的是组织本质特征,而忽略了外部表现。表2.6为企业声誉的作用相关理论观点归纳(管理学视角)。

表2.6　企业声誉的作用相关理论观点归纳(管理学视角)

学者	时间	相关理论观点
Hall	1993	企业声誉是有价值的企业资产,无形资源中最重要的是公司声誉和产品声誉
Fombrun	2000	实证研究表明声誉和财务绩效(收入、现金流、成长率、市场价值)存在着正相关关系
Roberts 和 Dowling	2002	企业声誉相对较好的企业更容易长时间维持较高的利润
Carnes 和 Richardson	2003	控制财务绩效对《财富》声誉排名产生了晕轮效应
Fombrun 和 Gardberg	2000	声誉资本对企业损失起到缓冲作用,保护了现有的资产
Brown	1997	企业声誉可以使企业对社会责任的履行得以良好开展,企业社会责任绩效和企业声誉好的企业平均报酬率普遍偏高
福诺布龙,范里尔	2004	企业声誉能够影响利益相关者的关键决策
Selnes	1993	企业声誉对忠诚度有正相关效应

资料来源:作者整理

三、企业声誉的维度划分

企业声誉是多维度的概念,学者们通常将其认定为一个具有独立性的概念。经济学视角下对企业声誉的研究,侧重点为信息传递;管理视角下对企业声誉的研究,以企业声誉的性质作为研究变量。实际上,也可认为企业声誉是企业的知名度,其构成维度之间存在着既相互独立又相互联系的关系。企业声誉是企业的利益相关者集团中的成员对企业经营状况及生产经营的整体评价。Gupta 从社会期望的视角进行研究,认为企业声誉可以分为专业性的企业能力和企业社会责任两个维度。

Goldberg 认为,企业声誉的两个维度是经营能力和社会良知。欧哲阳研究了危机情景中企业声誉对利益相关者行为反应的影响,将企业声誉看作一个多维的概念,分析了企业美誉度和企业知名度两个维度对投资者反应的影响,通过实证研究分析了企业社会责任声誉和企业能力声誉两个维度对消费者风险认知、态度和行为的影响。

Gianfranco 在 Fombrun 对企业声誉的维度的研究的基础上,对声誉商数进行了进一步的研究,提出了新的维度,即公正、同情心、透明度和顾客导向感知,并在此基础上构建了企业声誉变量模型,如图 2.3 所示。Manfred Schwaiger 在对企业声誉

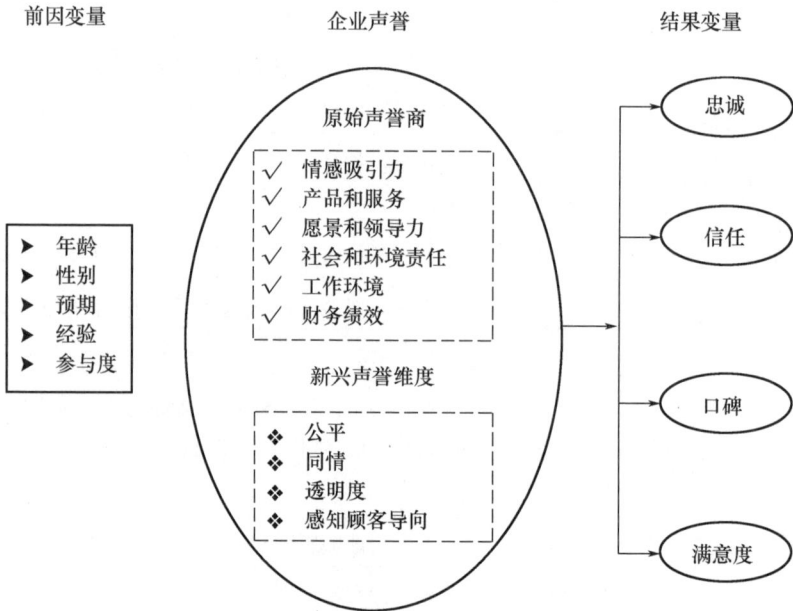

图 2.3　企业声誉变量模型

进行了探索性的研究后,定义了二维度的企业声誉,提取了质量、经营、责任和吸引力四个因子。王启亮等在研究协同创新中组织声誉与知识分享间的互动关系时,认为网络能力声誉、企业社会责任声誉和交易公平声誉都促进了协同创新中组织间知识分享的进行。

随着经济全球一体化,企业将会主动或被动地嵌入复杂的网络中,提升网络内组织整合程度,经营模式从传统价值链模式向价值链网络模式转换。网络能力是企业基于内部知识和其他有关补充资源,通过对网络价值的识别与对机会的应对,塑造网络结构,开发与维持、利用各个层次网络关系,以及获取稀缺资源和引导网络变化的动态能力。学者们对网络能力内涵的界定主要强调了企业发展与运用网络和网络关系,获取有效资源、创造更多价值,并进一步提升企业的网络竞争力。本书认为,网络能力声誉是处于集群网络中的企业个体及其利益相关者,在生产经营活动中利用集群网络中的关系获取信息和资源的能力。本书基于交易公平理论与经济外部性理论,认为交易公平是指企业对于低碳消费者与合作者的业务回报。

第四节　集群低碳认知概念界定与解析

当前,在制造企业飞速扩张和发展的同时,社会和制造企业共同面临着日益复杂的难题:制造企业日渐成为"社会",制造企业规模的扩大带来的社会问题的关联增多,所引起的社会矛盾也日益复杂,主要体现为多方监督力量带来的社会责任外部建设压力的增大、企业间网络关系共振性的增强。从组织的特征方面分析,集群内部的一条或多条产业链形成复杂关系网络,网络中的每个企业都会被吸收到无形的产业网络中,进而对危机的扩散传播起到了放大效应。集群内部的企业更易形成合作创新、合作共赢、集群品牌共享、集群知识扩散的社会责任建设意识。

一、认知模式的内涵及特征

"认知模式"一般指人的心理组织结构,心理学称之为"认知地图""认知结构""认知图示"。心理学家认为,每个人都具有独特的认知模式,是由先天的经验以及后天知识积累所形成的,是主体对刺激作出反应和认识事物的前提和基础。稳定性、相关性和可变性是企业认知模式的特点。认知模式会随着适应环境的过程而发生变化及扩展。认知模式的特点与性质是企业活动行为方式的决定因素,是约束产业集群中的企业进行知识战略的潜在选择的关键。企业认知模式具有较强的稳定性,是企业在长期的实践过程中形成的,一旦形成,很难改变。认知模式通常会使企业的认知过程和认知活动按固有的模式和路径进行。20世纪中后期,"认知科学"在在社会科学、神经学、人工智能等学科中得到了广泛的应用。Stemberg提出,认知模式的关键组成要素主要有元成分、操作成分以及知识获取成分。

王岚提出,集群企业任职模式的三元结构模型,由知识获取成分、知识应用成分和元成分三部分组成。企业认知能力主要源于认知模型中关键要素的三维耦合绩效,持续促进的认知模型功能的发展、员工工作效率的提升以及各个要素间产生的相互作用程度。

二、集群认知的内涵及资源分布

(一)集群认知的内涵

姜宏等对产业集群的内涵认定有其独特的观点,在特定产业集群的区域内,具有深度关联的产业集群中的个体如企业、政府和相关组织机构的整体集合,产生了关键的合作与竞争的态势,有利于实现产业集群中的产业链上下游企业的发展与创新方面的拓展,提升产业集群中集群个体间的相互竞争力,推动经济的可持续发展。邻近性起源于马歇尔对集群经济发展的研究,他认为同一个产业集群内部经济活动主体行为从空间视角形成的协同的定位关系,也可以认为是地理邻近性的体现。集群认知是生活在一定空间内的不同个体,由于受到相同的政策、经济制度、社会舆论等的影响,形成带有趋同性特色的认知倾向。2017年,占绍平等从集群邻近、集群网络关联、集群边界和集群创新环境等角度分析了文化产业集群和传统产业集群的差异,发现文化产业集群是由经济网络和社会网络构成的复杂的网络体系,它更注重认知邻近和关系邻近。

(二)集群认知的资源分布

产业集群通常作为独立的知识系统被显著标注,而分工使集群中的成员扮演不同的知识角色,也导致不同成员认知模式和认知能力存在差异。企业专业化分工越细,其集群分工网络知识构成差异就越大,形成不同的企业认知模式。价值链、认知资源在集群内呈阶梯型分布,价值链的终端企业通过市场调研等方式获取这种隐藏信息。通过信息的传递,上游企业可将其转化为各个生产阶段的参数,使供应商分别获得这些更为具体、分散的生产和技术信息。而处于集群知识中心的企业一般被称为"舵手"企业,其地位特殊,与更多企业建立往来,利用其信息优势,通过传递技术标准来协调集群系统企业之间的分工协作,从而与外部环境相适应。处于价值链同一环节的企业,彼此具有相似的认知模式,因此更倾向于接受同一类型的信息和知识。处于价值链不同环节的企业,知识情景有所不同,认知模式也较为不同。

三、集群低碳认知理论解析

目前,学者们对集群低碳认知和产业集群的低碳化研究较少,国外学者关于集群低碳化的研究也主要集中在低碳经济和低碳工业领域,关注宏观方向的研究占大多数。

认知还处于初级阶段,大多学者的研究都集中在低碳环境、低碳经济背景下产业集群的发展及内外部动力方面。刘振华等从集群低碳化的产业层面,探索了集群技术选择路径和社会消费模式的动态演化过程,认为低碳产业链发展是推动低碳经济的路径之一,供应链管理模式是集群低碳的发展道路,融合有利于企业之间认知模式的相融。

在对以往研究的分析和总结的基础上,结合集群认知的概念,本书认为,处于集群网络中的不同个体,将会受到社会低碳舆论、政府低碳政策等的影响,进而对低碳生产生活产生一定的需求,形成集群低碳认知。集群低碳认知程度越高,越会影响企业不同利益相关者的低碳认知,使其产生不同的低碳行为,或进行低碳技术合作创新,或进行低碳产品购买,或强化集群内部的低碳补贴、碳排放税征收等行为。

第五节　本章小结

本章对制造企业社会责任、低碳创新绩效、企业声誉、集群低碳认知分别进行了理论解析。首先,对制造企业社会责任概念进行了界定,并对制造企业社会责任利益相关者主体进行了界定,将利益相关者主体分为消费者、政府、社会环境、债权人、股东、供应链的上下游企业。以及对企业社会责任影响因素及测量方法进行了阐释;其次,对低碳创新绩效的内涵、维度、影响因素、评价指标进行了理论分析;再次,对企业声誉作为促进企业社会责任与低碳创新绩效的二者之间的中间变量,对其内涵与理论基础、影响因素、作用及维度划分进行了整体分析,并将企业声誉分为企业网络能力声誉和企业交易公平声誉。最后,对集群低碳认知的整体内容进行了分层级的分析,通过对认知模式的内涵及特征的分析,了解了集群低碳认知的本质内涵,进一步概括了集群认知的资源分布与内涵特征,更深一层的对集群低碳认知进行理论解析。以上对文献及国内外学者的研究进行梳理和概括,为下文的分析奠定理论分析框架。

第三章 制造企业社会责任与
低碳创新绩效的作用机制

第一节 制造企业社会责任与
低碳创新绩效的作用路径

本书依据利益相关者理论、企业声誉理论、集群认知理论、经济外部性理论、交易公平理论、网络能力理论等进行系统的理论分析,在国内外学者研究成果的基础上,提出了制造企业在低碳背景下履行企业社会责任、促进低碳创新绩效提升的新路径。"企业社会责任—企业声誉—集群低碳认知—低碳创新绩效"这一作用路径,能够清晰地体现出制造企业社会责任对低碳创新绩效的影响机制,以及企业声誉、集群低碳认知在这一路径中的作用阶段和作用效果。本章通过对"企业社会责任—企业声誉—集群低碳认知—低碳创新绩效"作用路径的分析,更清晰地阐明了制造企业社会责任与低碳创新绩效间的相互作用的内在机理,为后文深入剖析二者间的相互作用机制提供了更明确的研究思路。

一、制造企业社会责任利益相关者主体界定及职能

(一)制造企业社会责任利益相关者主体界定

利益相关者理论认为,企业对利益相关者(如员工、供应商、消费者、投资者、债权人、社区、环境与政府等)承担一定的社会责任并且企业对每一个利益相关者都有其特定的社会责任。在企业社会责任的建设中,企业、政府、消费者和股东等利益相关者的参与是必不可少的,各利益相关者的互动合作,对企业社会责任的履行与建设起到助推作用。把资源转化为产出是企业的使命,企业绩效的本质是资源产出效率。利益相关者理论认为,各种资源是企业谋求生存和发展必不可少的关键元素,而它们掌握在不同的利益相关者手中,企业若想要得到生存和发展,就需要利益相关者将资源投入企业。因此,无论利益相关者与企业在经济上存在关联与否,企业的运行和绩效都受到每个利益相关者特定方式的影响。表3.1为几种企业社会责任利益相关者主体界定,本书将根据制造企业利益相关者在产业集群中的不同职能,整理出适用于本书研究背景的企业社会责任利益相关者主体界定依据。

表 3.1　几种企业社会责任利益相关者主体界定

学者/机构/组织	企业社会责任利益相关者主体界定
Clarkson	股东、投资者、员工、顾客、供应商、政府等
和讯网企业社会责任数据库	股东、员工、供应商、客户、消费者、环境、社会
陈宏辉	股东、管理人员、员工、消费者、债权人、政府、供应商、分销商、特殊利益团体与社区
KLD 公司	社区、环境、员工、顾客
陈迅和韩亚琴	股东、消费者、社区、社会环境、公益和慈善
万莉和罗怡芬	消费者、员工、债权人、政府、社区、公益事业等

资料来源:作者整理

　　基于前文归纳的国内外学者对企业社会责任的内涵与维度的分析与比较,笔者认为,现阶段对企业社会责任的研究处于发展中期。20 世纪 90 年代后,企业社会责任研究与利益相关者理论的结合,满足了不同利益相关者的需求,并逐渐成为界定企业社会责任的新方法。Carroll 提出,企业利益相关者可以分为内部和外部两个层面,内部层面利益相关者包括员工和企业所有者,而外部利益相关者包括政府、消费者、自然环境和社区,企业在生产经营过程中,要对所有的利益相关者承担责任。Subroto 认为,企业应该对之承担社会责任的利益相关者为员工、消费者、供应商和竞争者、社区、环境、投资者等。笔者认为,企业社会责任利益相关者可以被界定为一切和企业有关联的个体或利益集团,而股东、员工、债权人、顾客、供应商必然是企业社会责任利益相关者的主体。

　　(二)制造企业社会责任利益相关者职能

　　在低碳经济背景下,制造企业社会责任利益相关者主体之一为债权人,制造企业对债权人履行相应的社会责任是企业应尽之责。若债权人在企业缺乏流动资金无法正常运转时为制造企业提供资金借贷服务,可以帮助制造企业在低碳发展遇到困难时渡过经济与经营危机。

　　股东是指持有公司股份,有权出席股东大会并对公司决策事项拥有一定表决权的人,随着制造企业的增多和人们投资意识的增强,股东的定义也逐渐延伸至公司的投资人。投资与回报是相对的,制造企业对于股东的首要责任体现为经济责任,要进行真实透明的信息披露,保障合法经营的同时保证股东拥有基本的信息知情权,有利于股东进行决策。债权人、股东有权利要求制造企业履行低碳责任、在产品生产和加工的环节进行低碳创新。

　　消费者是组织外部与企业联系最密切的个体。消费者认识企业往往是通过企业所提供的产品和服务。因此,向消费者提供符合国家相关标准的、安全可靠的产品和服务是企业对消费者的首要责任;其次,由于消费者对于企业社会责任越来越敏感,企业履行社会责任也可以体现在为消费者提供低碳环保的产品上。消费者享有向制造企业提出低碳创新生产要求的权力。作为制造企业的产品需求者,消费者的低碳需求对促进制造企业的低碳转型将会产生深远的影响。

政府倡导低碳经济,并在低碳进程中提出了相关政策性举措,制定了一系列的规章制度,引导使用低碳产品,鼓励制造企业生产技术向低碳技术创新转型,扩大低碳产品的市场份额,刺激国内的低碳消费,。例如,进行财政补贴,制定减排规章制度,鼓励制造企业自愿减排,制定减排任务强制制造企业执行,等等。政府督促制造企业进行低碳生产,以降低碳排放量,其主要手段为征收污染税以及发放补贴。制造企业积极进行低碳创新,改进生产设备及产品,减少自身的生产污染行为,会受到政府的相关支持。

近年来,社会的关注越来越集中于企业对环境的责任。企业丧失社会责任感体现在其在生产经营过程中忽视了对环境的保护,而只注重经济利益。避免生产过程中不计环境成本地使用资源,减少供应链污染,重视环保投入是企业履行对环境的责任的主要表现。企业还应积极进行绿色制造技术的发展,提倡对绿色产品的研发。履行基本的纳税人义务,遵守基本的社会秩序,按时纳税是企业履行对社会的责任的主要体现。不少企业热衷于参与慈善和公益活动,也是其履行社会责任的一种体现,可以使更多的社会人群受惠于企业。

除此之外,碳排放贯穿了从原材料获取到产品回收和最终垃圾处理的整个产品供应链。为此,很多制造企业和组织开始设立"碳足迹"项目,目的是反映产品供应链中二氧化碳的排放路径。产品供应链主要包括原材料的采购、产品的装配与制造、产品的运送、产品的消费和使用、产品的废弃和再循环等几个阶段。产品供应链的上下端企业集群包含了各个参与主体,例如原材料供应商、制造商、零售商等。随着政府对碳减排制度的出台,产品供应链的上下端企业也会积极履行低碳生产责任,上下端企业集群中的企业相互合作,在生产制造环节进行技术创新,以及进行低碳技术上的合作。

二、制造企业社会责任对低碳创新绩效的直接作用机制模型

基于对利益相关者基础理论的分析与梳理,笔者通过对相关理论的研究发现,制造企业社会责任的利益相关者应包括债权人、股东、消费者、社会环境、供应链上下端企业、政府等。企业社会责任在信息不对称的情境中,与各利益相关者之间会形成动态博弈,为了解决这个问题,企业会向各利益相关者传递相应的信号,以区别于其他企业的信号暗示。在信号的传递过程中,在获得了多数利益相关者的认可与信任的基础上,协同处于集群网络中的各利益相关者保持长期合作关系,是企

业实现可持续发展的基本模式。

根据社会契约理论和利益相关者理论进行系统分析,可以将企业看作处于各集群网络中的各利益相关者合作联盟的一个契约。股东与企业间形成的联盟合作关系是契约关系的体现,也包括了企业与供应链上下游企业、消费者、政府、债权人、社会环境等利益相关者之间的契约关系。这些契约关系通过以正式或非正式的形式规定的制度使企业与其他利益相关者之间形成相应的责任与权利。企业的意图是从各利益相关者处获得良好的资源和社会环境,前提是对利益相关者们履行相应的社会责任,并维护其相应的权利。同时,各利益相关者的意图是从企业那里获得相应的回报,前提是为企业提供良好的资源和社会环境。企业与各利益相关者的这种社会契约关系,可以认为是一种交易契约关系。企业履行的对利益相关者的责任,在某种意义上可以极大地提高交易契约的效率和质量,反之则会影响企业与利益相关者之间的社会契约关系,承受相应的风险,同时在维护企业声誉时将对企业造成损失,也会因此导致交易成本相应增加等。

在三重底线理论方面,传统企业在履行社会责任方面主要体现了利润的提高、股东和纳税人履行相应职责所得到的分红、对环境的保护履行责任以及对于社会其他利益相关者履行的责任。从企业社会责任的自身价值或是作用机制方面分析,企业所承担的社会责任不仅为各个利益相关者或是企业外部社会环境创造了更高的价值,也为企业自身创造了相应的价值。通过对国内外学者相关分析进行梳理可以发现,企业在履行社会责任时,通过降低企业经营风险,优化与相应监管部门之间的关系,增强了品牌声誉度,明显提高了企业员工的工作效率,同时降低了企业的融资成本,为企业创造了更高的价值。由此可见,企业履行社会责任为各利益相关者带来了双赢的作用机制。

基于以上分析,本书借鉴了张兆国和李高泰等学者的研究,结合本书的研究背景及研究内容构建了制造企业社会责任与低碳创新绩效的作用机制模型,如图3.1所示。

三、制造企业社会责任对低碳创新绩效的直接作用

对制造企业社会责任可理解为它是体现企业对相关利益共同体所承担的责任。对于低碳经济背景下的制造企业,其社会责任主要体现在其对于低碳生产、制造以及社会环境保护方面所要承担的相关责任。根据利益相关者理论,本书从所有权、经济依赖以及社会利益角度,将制造企业所要履行的社会责任的主体划分为:债权人、股东、消费者、供应链上下端企业和社会环境。

针对制造企业社会责任对低碳创新绩效的直接影响,2010年,黄苏萍认为,企业承担社会责任促进了财务绩效的提升,企业倾向于将有限的资源投入创新研发工作中。2017年,李文茜等对创新、企业社会责任和企业竞争力的关系进行研究

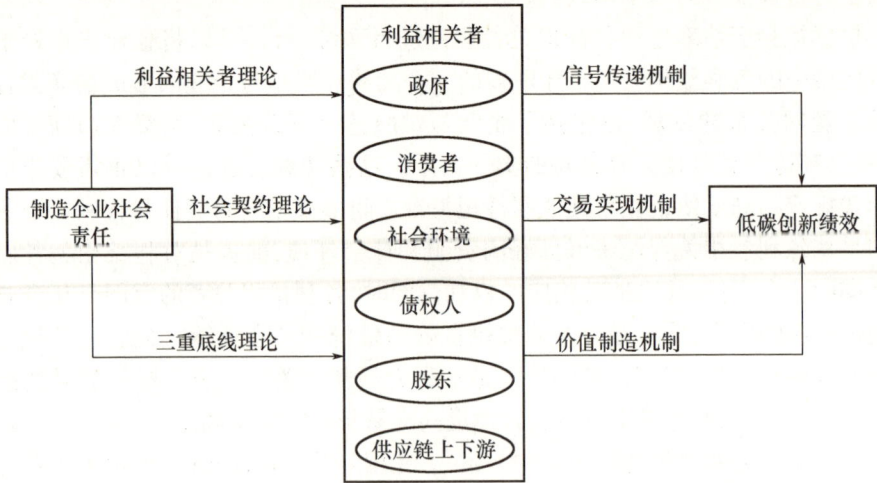

图 3.1　制造企业社会责任与低碳创新绩效的作用机制模型

后发现,419 家高新技术行业上市公司 2012 年至 2014 年在研发成果向企业竞争力转化的过程中,企业社会责任起到了调节作用。2008 年,Hull 和 Rothenberg 认为,创新投入(也可认为是研发支出)影响了企业社会责任与财务绩效二者之间产生的显著正效应。企业履行社会责任时的企业行为,使得创新能力稍弱的企业在集群企业中形成竞争优势,并促进了财务绩效的提升。2000 年,McWilliams 和 Siegel认为,研发投入与企业履行社会责任的行为二者之间存在某种促进与抑制关系,企业履行社会责任的行为将促使企业进一步积极研发低碳产品,研发投入和企业履行社会责任的行为都对企业财务绩效产生影响。

从企业利益相关者依存关系视角出发,产业集群是多利益相关者主体在某一地理区域内的集聚,这些利益相关者主体,包括了具有竞合关系的企业、大学、政府等以及集群所在的区域,因此如果从企业社会责任层面探讨利益相关者系统,集群层面的社会责任所涉及的利益相关者关系更为复杂。

2010 年,Freeman 在研究"战略管理:利益相关者理论方法"时,将企业利益相关者理论看作研究企业社会责任的重要理论基础,并认为企业社会责任实质是企业对股东、客户、员工、供应商、社区等利益相关方和环境的责任。1997 年,Mitchell的研究"利益相关者理论的识别"将利益相关者的 27 种定义归纳为三种口径,即窄口径、宽口径、中间口径,并从企业生产经营的重要视角来定义利益相关者,认为利益相关者群体为企业生存和发展做出贡献,企业在进行经营决策时要考虑其的利益。1995 年,Donaldson 的研究"企业利益相关者理论"将社会责任理论与利益相关者理论相结合,并认为与利益相关者相对立的其他理论忽略了企业应该履行道德责任这一观点。1995 年,Clarkson 的研究"利益相关者框架下企业社会责任的评估与研究"将社会大众、政府、媒体等也列为企业的利益相关者,并以利益相关者框架为基础建立了企业社会责任评价模式。2003 年,Buysse 分析"利益相关者管理视角下的环境战略"时认为,企业的利益相关者期望企业推出环境和谐的产品,最大限度地降低企业对自然环境的影响,外部主要利益相关者对前瞻型环境战略有重要影响。1998 年,Sharma 研究了"前瞻型企业环境战略和组织能力竞争优势的发展",认为前瞻型企业积极管理环境问题并建立竞争优势,将环境问题纳入整体战略之中,有助于企业通过持续创新的途径加强组织能力。

1997 年,Turban 和 Greening 认为,承担更多社会责任的企业更能够吸引优秀人才,有助于降低招聘和培训新员工的成本,进而降低企业的整体成本、提高劳动生产率。Oliver Richard 、Simpson、Kohers 、Luo 和 Bhattaeharya 通过一系列的研究发现,企业履行的社会责任会对消费者的满意度产生较大的影响,进而对企业绩效产生较大的影响。2005 年,Kotler 和 Lee 认为,具有社会责任感的企业能够培养一批忠实的客户,有助于树立良好的企业形象,进而吸引一批具有较强责任感的新客户。2007 年,Barneet ,通过建立模型对各个利益相关主体对企业产生影响的差异进行了研究,提出具有社会责任感的企业与其各利益相关主体之间能够保持一个较为和谐的关系,有助于在整体上提高企业绩效。这意味着企业的社会责任感对利益相关者而言至关重要,会对企业绩效产生深远影响。2009 年,在一系列研究的基础上,Trudel 和 Cotte 发现,具有较强社会责任感的企业更容易获得消费者的青睐,使其愿意支付更高的价格。2011 年,Wen Yang 等认为,大多数的消费者通过评判企业所承担的社会责任对企业形象进行整体评价,这决定了消费者是否会产生产品联想和购买意图。

2006 年,McWilliams 和 Siegel 提出,企业投入研发费用等无形资产方面的投入与企业积极参与社会活动都属于企业的差异化战略。2008 年,MacGregor 和 Fontrodona 基于案例研究,分析了企业社会责任与创新之间的相互作用关系,并在进行欧洲四个地区的以企业为研究对象的案例研究时发现,企业社会责任与创新之间存在着良好的互动关系。2011 年,Bocquet 和 Mothe 认为,履行企业社会责任的企业为了获得经济利益,在产品创新和过程创新方面更易获得成绩。因此,企业应该履行社会责任,并使之成为提升企业社会竞争力的战略及途径。

周璐等的研究表明,企业向利益相关者履行社会责任,会对创新绩效产生一定的影响,尤其体现在对社会绩效和财务绩效的正影响方面。在技术创新的资金支持方面,王碧森认为,企业只有在对股东和债权人积极履行社会责任时,才会获得更多资金支持。Lin 等认为,客户的低碳需求时推动产品创新的重要力量,而客户需求的财务绩效则体现在其对供应产品的购买与使用方面。Lettl 通过案例分析证明了企业对消费者履行社会责任可以增强其信任与忠诚度,从而对企业创新绩效产生积极影响。Labahn 认为,企业所承担的社会责任将会影响其供应商的参与行为。马文聪等通过实证研究发现,企业社会责任的履行对企业创新绩效有一定的正影响,同时,企业对政府低碳约束采用积极地责任承担的策略时,会获得更多的政府支持,诸如补贴或降低碳税,从而减少企业低碳创新成本,提高其创新绩效。

基于以上分析,本书提出了制造企业社会责任对低碳创新绩效的作用机制假设:

H1:制造企业社会责任对低碳创新绩效有显著正影响。

第二节 企业声誉的中介作用机制

一、企业社会责任对企业声誉的直接作用

企业声誉是指企业在生产经营活动中,与竞争对手相比所具有的总体感知性好感,是企业过去行为和结果的一种综合体现,也是企业对相关利益者的承诺的履行情况得到的相关评价。根据王启亮等学者的研究,本书从网络能力与交易公平两个维度衡量企业声誉。其中,交易公平是指企业对于低碳消费者与合作者的业务回报。

本书基于对国内外相关文献的梳理,从经济学视角和管理学视角,分别对企业声誉的影响因素进行了分析和阐释。表2.5企业声誉的影响因素的相关理论观点归纳。从经济学视角进行的研究认为企业声誉的影响因素主要是企业行为、不同时期企业行为的一致性,而对其存在的黑箱很少提及。从管理学视角进行的研究认为企业行为的确是影响企业声誉的主要因素,但基于管理学视角将企业行为进行了更细致的划分,并探讨了不同行为对企业声誉的影响。除此之外,在信息传播、观测者对企业声誉进行判断的过程中的多种因素也会对企业声誉产生影响。管理学领域的学者们在全面分析企业声誉的影响因素基础上,试图打开企业声誉的黑箱,探究其更深层次的内涵。

表3.2 企业声誉的影响因素的相关理论观点归纳

学者	时间	相关理论观点
Milgrom 和 Roberts	1982	企业声誉的主要影响因素是信息的不对称以及带有观察到过去行为可能性的重复行动
Greyser	1999	影响企业声誉的因素有六大类:竞争效力、市场领导地位、消费者焦点、熟悉与喜好、公司文化、沟通
福诺布龙和范里尔	2004	提高企业声誉的五个途径:提高知名度、塑造独特性、保持简历诚信度、保持透明度、保持一致性

表3.2(续)

学者	时间	相关理论观点
Ravasi	2002	由于地域性差异,可能存在更注重社会责任、更注重产品或是财务绩效等其他方面
Schultz、Nielsen 和 Boege	2002	在国际公司中,能够获得好的企业声誉的企业通常是大型的、具有悠久历史的企业,而与消费者高度接触的服务行业企业声誉多为较差
Wiedmann	2002	在德国,企业规模和在公众场合的出现,以及行业部门因素对企业声誉排名有显著影响。同时,对于零售公司和强势品牌企业,个人亲身经历也对企业声誉产生了决定性作用
Fombrun 和 Shanley	1990	对企业声誉起到正向支持作用的因素主要有:企业良好的市场绩效、企业前期的良好会计利润、企业对社会福利做出的大量贡献、企业的巨大规模、企业的高密度广告。对企业声誉起到负向支持作用的因素主要有:企业高会计风险、企业每股股利与股价的高比例、企业大量的不相关业务多元化
Fombrun 和 Gardberg	2000	企业公民行为可以为企业在周围市场中建立品牌资产和声誉
徐金发、王乐和殷盛	2005	影响企业 CEO 声誉的不仅有个人能力,还有个人性格和伦理道德因素
Scheeweis 和 Branch	1990	企业声誉和利润绩效是相互影响的两个因素

资料来源:作者整理

　　基于以上学者的研究可以发现,企业声誉的影响因素大致可分为三个模块。其一,依据利益相关者对企业行为所产生的不同的社会期望,所识别出的企业声誉的影响因素,例如,期望公司生产高质量产品、具有出色的财务表现以及限制环境危害等。其中最有代表性的就是 Fombrun 提出的企业声誉商数。其二,依据不同的企业个性来区分企业声誉的影响因素,Spector 最早提出了基于人格特征的企业声誉,并归纳了几个影响企业声誉的个性维度,分别为活力、合作精神、成功、商业智慧。其三,基于信任的企业声誉研究多集中在 B2B 的商业模式中,研究者们将信任看成一个企业的诚信、可靠性和仁慈心的感知。

　　随着我国经济和市场的快速发展,大背景下的企业声誉问题受到国内外广泛的关注,《企业声誉评论》探讨了中国背景下的企业声誉管理研究。Fombrun 和 Pan 进一步研究了中国消费者对跨国公司的声誉评价好过对国内企业的声誉评价这一现象。国内外学者在验证自身理论方面的片面性使得其研究结果无法真正地反映企业声誉。

Hill 和 Knowlton 在 2008 年对亚洲、北美和欧洲的高层管理者的国际性企业声誉进行调查时发现,CEO 认为产品服务、核心竞争力和行业领导地位是影响企业声誉的三个主要因素,创新能力和企业文化紧随其后,而产品和服务问题、不道德的企业行为、媒体负面报道对企业声誉的影响最为重要。由北京大学企业管理案例中心与《经济观察报》联合开展的"中国最受尊敬的企业"评选活动的声誉评价体系被认为是中国最有影响力的声誉评价体系,评价指标包括社会责任感、创新能力、国际竞争力、对社会及环境的长期承诺等 9 项题项。缪蓉和茅宁根据中国体制文化认知,研究了影响我国企业声誉的七个影响因子:社会责任、企业形象、竞争力、体制背景、价值追求、感召力和跨国经营能力。

除此之外,2001 年,学者 Bhattacharya 实证分析了企业履行社会责任行为对提高利益相关者对企业能力的信任和评价的积极影响。2005 年,Mohr 和 Webb 的研究也得到了类似的结果,他们认为企业积极参与社会活动所产生的社会声望对企业能力评价有较好的正向效应。2016 年,欧哲阳研究了危机情景中企业声誉对利益相关者行为反应的影响,将企业声誉看作一个多维的概念,分析了企业美誉度和知名度两个维度分别作用与联合作用时,企业声誉与投资者反应二者间的影响机制,通过实证研究分析了企业社会责任声誉和企业能力声誉两个维度声誉对消费者风险认知、态度和行为的影响。

2009 年,Godfrey 等认为基于消费者认知的视角,从自身通过企业能力声誉和企业社会责任声誉来对企业声誉进行综合评价,社会责任声誉产生了"晕轮效应"。2001 年,Bhattacharya 通过研究表明了企业积极参与履行社会责任的活动会显著提高利益相关者对企业能力的信任和评价。

(一)企业社会责任与网络能力声誉

网络能力是指企业通过网络关系的内在机理获取信息和资源的能力。一方面,从微观主体角度,认为企业作为个体单元,网络能力可以体现企业的低碳创新能力,网络能力越高,其在网络中的低碳声誉越高;另一方面,从集群网络的宏观角度,企业在网络中具有的能力越强,越容易处于结构洞的位置,因此更易吸引集群中的其他企业与其合作,进而掌握大量的低碳资源。

2012 年,张丹宁认为,由于"地理临近性",集群网络内部企业往往会围绕某些龙头企业形成本地化的生产网络,企业在复杂的网络中相互联系,处于集群网络中的每个企业和组织都会被吸收到无形的网络体系中,在这种环境中的企业,如果只关注自身的企业社会责任建设,会导致产业链上的合作伙伴陷入声誉危机。集群内部的企业社会责任联盟的建立和推进,可以更好地形成集群网络关系的"黏性"。2010 年,Du 等人认为,从短期来看,企业积极承担社会责任能够使各个利益主体产生积极的态度和行为,从长期来看,这还有助于增进各利益相关主体与企业的联系紧密程度。低碳环境中,企业社会责任履行得好坏对于企业在集群中的声誉具有重要的影响。企业绿色生产的低碳回报,将直接反馈到与企业相关的利益主体上。债权人与股东作为企业低碳创新的资金支持者,是企业履行低碳责任的受益者,企业低碳行为带来的回报可以作为分红反馈给权益人,巩固其在制造企业集群中的地位,进而提升其网络声誉。消费者作为制造企业产品的需求者,其低碳需求对促进制造企业进行低碳转型将会产生重要的影响,其通过对低碳产品以合理价位购买,提升其在集群网络中的影响力,进而提升其网络声誉。政府督促制造企业进行低碳生产,以降低碳排放量,其主要监督手段为征收污染税以及发放补贴。因此,制造企业积极进行低碳创新,改进生产设备及产品,减少自身的生产污染行为,会得到政府的相关支持,无论在经济效益方面还是在声誉效益方面都将得到正面响应。

(二)企业社会责任与交易公平声誉

在笔者看来,政府、股东、债权人、消费者以及社会环境是企业社会责任的主要利益相关者,上述利益相关者的地位同等重要。企业社会责任是指企业在生产经营活动中所需承担的义务,交易公平声誉则是评价其义务履行情况的标准之一。企业作为重要的市场主体,其行为具有明显的交易特点,交易公平则是市场经济的基本伦理要求,只有进行公平交易,才能够提高企业的生产经营效率,才能够实现企业的可持续性发展。在哲学家罗尔斯看来:在公平原则下,人们对他人所拥有的与最广泛的基本自由体系相容的类似自由体系应存在一种平等的权利。应该在公平的伦理要求下,进行社会中的市场价交易,各项交易都应该是公平的。企业的各个利益相关者均应享受公平交易的权利。在公平的伦理约束下,产生了责任义务,如果某一利益相关者的作为或不作为损害了另一(或另一些)利益相关者的合理利益,那么便产生了利益相关者的义务。

本书基于交易公平理论与经济外部性理论,认为交易公平是指企业对于低碳消费者与合作者的业务回报。根据社会契约理论的基础内涵,企业作为一个微观主体,企业与社会外部环境契约关系的集合体中的各利益相关者之间具有显著的契约关系,只有各利益相关者之间在交易规则的制约下按照公平的原则进行交易,机会的均等将促进市场环境的良性发展。

综上所述,制造企业履行社会责任对企业在集群中的声誉具有较大的影响。利益相关者在企业的经营发展中起到越来越显著的作用,会对企业产品研发、企业声誉等产生影响。基于此,本书提出如下假设:

H2:制造企业社会责任对企业的声誉有显著正影响。

H2a:制造企业社会责任对企业的网络能力声誉有显著正影响。

H2b:制造企业社会责任对企业的交易公平声誉有显著正影响。

二、企业声誉对低碳创新绩效的直接作用

国内外学者的研究指出,良好的企业声誉对企业有重要的战略价值。基于资源理论,拥有较高价值的稀缺资源的企业会得到相应较高的竞争优势,企业拥有竞争对手难以模仿的资产则会持续获得较高的财务绩效。企业声誉作为无形资产使对手难以模仿,Fombrun 和 Shanley 和 Herremans 等学者通过研究证实了企业预期收益和企业良好的声誉存在一定的关联关系,但不明确二者能否反映因果关系。

对此,1990 年,McGuire 提出声誉与绩效的相互关系可从企业绩效对企业声誉的作用以及企业声誉对企业绩效的作用两个方面进行论证。张扬利用 Manfred 所提出的企业声誉测量及解释模型对比分析了企业在中国与德国的企业声誉在结构上的差异,发现在德国吸引力对企业声誉的情感维度有显著的积极影响,经营绩效对企业声誉的情感维度有负面作用,社会责任对企业声誉产生了轻微的负面影响;而在中国有所不同,吸引力、经营绩效、质量和社会责任四个方面都对企业声誉有正相关作用,其中,经营绩效作用最为显著,其次为社会责任。

2014 年,马俊在研究基于员工视角的企业社会责任与组织绩效的关系时,从理论创新方面认为,企业将员工履行社会责任作为一种资源,企业履行社会责任会提升企业声誉和社会影响力,从而更积极地影响组织绩效。2005 年,Mohr 和 Webb 的研究也得到了相类似的结果,认为企业积极参与社会活动所产生的社会声望对企业能力评价有较好的正向效应。

本书从网络能力声誉和交易公平声誉两个视角对低碳创新绩效的影响进行分析论证。企业声誉效应是指利益相关者对企业的赞美、信任对企业的创新行为具有一定的正向影响,而企业创新行为的外在表现则是创新绩效的提升。因此,企业若获得较高的企业声誉,则可以降低企业的交易成本与生产成本,从而提升创新绩效。

(一)网络能力声誉与低碳创新绩效

在伴随着现代网络技术的发展,创新模式实现了巨大的突破,由最初的简单线性模式转变为交互作用模式,最后发展为网络模式,要这也就对企业的创新能力提出了新的要求,企业应该转变以往的封闭式创新模式,积极采取开放式创新模式。在网络经济时代,这有助于增加企业的创新产出、提高企业的创新效率,进而提高企业的市场竞争力。

在集群网络中,网络将各个企业集合在一起,有助于提高企业的绩效。网络中企业间的联系具有稳定、互动频繁的特点,网络稳定的联结有助于实现企业之间的信息共享,深入挖掘企业以及其内部成员的隐性知识,并使其显性化,为提高企业绩效奠定坚实的知识基础。此外,1990 年,Coleman 认为,稳定性高的网络联系有助于提高网络凝聚力,进而有助于完善企业间的互信机制,产生正面的网络影响,

在整体上提高企业绩效。

以社会资本观为出发点,部分学者认为网络的成员间的联系关系是当今社会资本的一份子,各成员为了在网络中学习并吸收这种社会资本,会自发地组织学习活动,从而使企业资源整合及知识创新的能力得到大幅度提高,促进网络中企业整体绩效的提高。获取珍贵的社会资本的前提是具备相对稳定的社会关系网,而拥有了珍贵的社会资本同时也意味着获得了收获知识以及创造新知识的能力,可以大幅度提高企业的绩效。2017年,李纲等分析发现企业可以通过发挥网络的功能获取外部网络的重要信息,进而推动企业服务的创新发展,使其创新绩效得到提升。参考企业外部网络的相关信息,百分百地发挥网络的功能,学习并吸收合作伙伴网络中的新的关键知识,可促进自身服务的创新发展,使企业的创新绩效得到提升。

2017年,Gong等分析了作为中国典型的知识密集型产业,集群网络的稳定对企业绩效提升的关键促进作用,通过对LED产业集群的实证研究,揭示了在知识获取的中介变量作用下LED产业集群网络的稳定通过知识获取中介作用对企业绩效产生的内在作用的机理。2015年,宋晶等发现,处于创新合作过程中的企业,在创新网络中的企业类型不同,其对合作创新绩效的提升效果也不同,网络能力对合作创新绩效的提升有促进作用,提高网络能力不会对现有合作关系产生影响,而且能够较大幅度地提升企业的创新能力,二者存在较强的正向相关关系。

2013年,周江华等探索了处于创新网络中的企业的网络能力的强弱对提升创新绩效的作用路径,发现企业网络能力的强弱会显著影响其创新网络的实力水平,企业可通过改变网络能力来改变自己在创新网络中的地位,利用创新网络中的创新资源提升自身的创新绩效。

2015年,马柯航采用开放式创新视角,以虚拟整合网络为载体,探究企业网络能力通过获取知识资源提高创新绩效的内部激励,研究表明企业网络的整合能力和网络调试能力在中介变量知识资源的作用下,对企业创新绩效产生了正向影响。2005年,Joseph和Daekwan研究了网络能力主导的企业创新合作机会的协同关系,企业网络能力的强度是影响企业拥有更多创新合作机会敏感度的重要影响因素,企业与相关合作关系企业的高质量合作,会使得二者产生协同效应,进而促进企业显著提升创新绩效。

2015年,简兆权基于嵌入性理论和网络能力理论,认为网络能力影响了关系嵌入性与服务创新绩效二者之间的作用机制,并起到了中介作用。2016年,金永生等认为企业的网络能力是一种典型的动态能力,其研究表明了网络能力在内向型创新与创新绩效的关系中起到了中介作用。

从网络能力声誉的角度分析,企业的经济活动均嵌在社会网络关系中,网络能力对企业获取外部稀缺资源有重要的积极作用,有助于企业进行低碳技术创新,吸引更多的供应商、消费者等群体,从而获取较高的创新绩效。2014 年,范钧等的研究表明,网络能力有助于企业高效获取社会网络中的隐性知识,对于中小型企业获得突破性创新绩效有重要的意义。

(二)交易公平声誉与低碳创新绩效

西方经济学在阐述交易公理论时,基于福利经济学的消费者剩余理论和生产者剩余理论进行论述。消费者和生产者在进行商品交易时,会产生支付意愿,只有当支付意愿满足了实际成交价格时,才会达成交易。而消费者剩余理论和生产者剩余理论假设生产者与消费者之间直接交易,进而形成了支付意愿—实际支付价格—成本的链条,从理论上分析,在成交价格处于[成本,支付意愿]区间内的情况下形成的成交协议都是双方可以接受的,都可以认为是公平的交易。通过对交易公平理论的分析可知,创新活动中创新成员如果认为自己的投入没有获得公平的产出,则会减少在创新中的投入,进而影响创新绩效。

处于集群网络中的各利益消费群体,在进行低碳技术创新以及低碳产品交易过程中,如果交易意愿没有处于交易公平成交的区间内,没有满足公平交易的前提,势必会影响交易的成交量,对低碳技术创新的合作以及低碳产品后续生产产生不利的影响。而且,消费者在支付意愿处于交易公平成交的区间内时才会做出理性的购买行为。

从交易公平声誉的角度分析,本书认为低碳技术创新在交易过程中存在两类消费群体,其一是低碳产品的购买方,其二是低碳技术的合作方。曹霞等学者的研究表明,处于集群网络中的制造企业,其在创新过程中的合作收益分配,将影响企业在网络中的声誉;若企业收益分配不公,则会对其后续发展产生不利影响,反之则会产生有利影响。同时,消费者对于低碳产品的消费需求量会根据其价格的公平性改变,进而影响制造企业的利润。

因此,交易公平声誉通过集群网络,影响制造企业的交易行为,进而影响企业的创新绩效。基于此,本书提出如下假设:

H3:企业声誉对企业低碳创新绩效有显著正影响。

H3a:企业的网络能力声誉对制造企业低碳创新绩效有显著正影响。

H3b:企业的交易公平声誉对制造企业低碳创新绩效有显著正影响。

三、企业声誉的中介作用

Fomburn 认为:"如果企业想改变并树立良好的品牌和形象,可以选择社会责任投资,以此影响其在消费者和员工心中的地位,从而推动企业业绩的增长。"查尔斯等学者也认同此观点,并表示企业一旦树立了良好的品牌形象,可以使企业的运营过程呈现良性的循环。良好的品牌形象被利益相关者加以肯定的话,也可以为企业带来效益。企业还可以从事慈善公益事业,引起公众及媒体的关注,吸引投资,提升企业价值。

企业声誉通过伦理价值效应、信息效应及资本效应影响企业的利益相关者。企业声誉会很大程度上影响企业的信息传递,提高企业声誉有助于减少不对称信息的产生,有助于企业在声誉网络中与利益相关者架起沟通的桥梁,在某种程度上也可以提升企业自身的影响力。良好的企业声誉会让企业得到更多的利益相关者的认可。激励理论认为,企业具有良好的声誉会得到更多利益相关者的认同;声誉与资本相似,可以提升企业的价值,此即声誉的资本效应。声誉效应的产生是公众对企业的信任以及肯定,同时还会增加消费者对其的认同,影响消费者的购买行为,影响企业效益。与此同时,良好的声誉会吸引更多的投资者,提升企业交易网络质量,提升企业长期价值。

随着学者们对企业声誉的研究发展,研究者将企业声誉与企业社会责任二者的关系进行了广泛研究,同时也考虑了其他变量相关关系的中间变量。2017 年,齐丽云等充分结合企业自身发展战略的需要,制定了企业社会责任行动准则,满足企业有关利益相关者的社会期望,从而提升企业声誉,同时将战略选择变量引入其中,认为战略选择会促进企业社会责任对企业认知声誉的提升。2015 年,田虹等通过分析利益相关者压力和道德滑坡对二者关系的调节作用,将企业社会责任履行的机理进行了系统的论证,并认为企业社会责任对企业声誉具有正向的推动作用。2010 年,任胜刚针对企业网络能力有效测度和实证研究的不足,通过对网络能力的深入分析,发现企业创新绩效提升的过程中,网络能力起到明显促进作用。

2015 年,田虹等研究了基于利益相关者理论和竞争优势理论的企业社会责任的可见性和透明度对企业竞争优势的影响,并将企业声誉作为中介变量,认为其对企业社会责任可见性和透明度对竞争优势的影响具有部分中介作用。2017 年,Tahir Islam 研究了企业社会责任与消费者购买行为的关系,对巴基斯坦的实证分析表明,企业声誉与客户满意度调和了企业社会责任对顾客忠诚度和购买意愿的影响。

企业声誉作为中介变量,企业能力作为调节变量,明确了企业社会责任与消费者购买行为的关系。在深入了解了关系网络的同时,有学者认为企业社会责任是多维构念,其关系是需要调节变量和中介变量来维持的。2016 年,杨菊兰在研究企业社会责任行为对员工工作绩效的跨层次作用机制时,将企业社会责任行为分为企业内部社会责任行为和企业外部社会责任行为,并认为企业社会责任行为与员工的绩效呈现倒 U 形关系,而二者之间的作用通过企业社会责任行为—企业声誉—员工组织认同—工作绩效等路径。企业声誉在其中起到了显著的中介作用。

根据上述研究及分析发现,制造企业社会责任可以提升企业在集群中的网络能力声誉与交易公平声誉,而网络能力声誉与交易公平声誉的提升可以促进制造企业的创新绩效提升。

因此本书认为,企业声誉在制造企业社会责任与低碳创新绩效之间起到了部分中介作用。基于此,本书提出如下假设:

H4:企业声誉在制造企业社会责任与低碳创新绩效之间起部分中介作用。

H4a:企业的网络能力声誉在制造企业社会责任与低碳创新绩效之间起部分中介作用。

H4b:企业的交易公平声誉在制造企业社会责任与低碳创新绩效之间起部分中介作用。

第三节　集群低碳认知的调节作用机制

早在19世纪,"邻近性"在国内外区域经济学、经济地理学、创新经济学等多学科研究中成为焦点,伴随着网络信息通信技术与科学技术的骤然发展,经济社会外部环境的逐渐变化以及学者们的学术研究逐步深入,研究人员对邻近性的研究已经从单独研究地理邻近性逐步发展到多维地发展邻近性。

2000年,Torre和Gilly认为,邻近性的特点是具有多维度,除地理邻近性还有组织邻近性和制度邻近性。2005年,Boschma将邻近性分为认知邻近性、组织邻近性、社会邻近性、制度邻近性和地理邻近性五种。2005年,以Wuyts为代表的学者认为认知邻近性是主体察觉、说明和理解、评估方式的相似性。

而另一些学者则强调认知邻近性以同属于一个社会实践网络为基础,侧重于有效的交流而不受地域的限制。在集群网络中,不同个体在合作创新中由于组织文化以及组织规则的不同,产生了对主体观察和理解方式的差异,而认知邻近性则有效避免了这一差异,它可以通过交流进行知识转移,主体间的对事物产生的相似的认知,会促进知识的流动和知识转移,进而促进创新活动的产生。

集群低碳认知是形成集群网络中的利益相关者责任主体的低碳态度、低碳行为的基础,低碳认知的程度高会促使利益相关者产生正确的低碳态度,进而形成积极的低碳行为。集群网络中的利益相关者对低碳产品的购买性为受到其低碳认知、低碳情感以及文化因素等的影响。在集群网络中个体的内在特征和外部因素,会直接影响利益相关者的低碳认知水平。Upham等通过对公众碳标签认知与碳减排的关系的研究发现,公众碳标签认知对碳减排产生了显著的影响。

集群认知是生活在一定空间内的不同个体,由于受到相同政策、经济制度、社会舆论等的影响,形成带有趋同性特色的认知倾向。王岚等学者通过对认知模式的知识转移进行研究后发现,企业认知模型影响企业的战略选择。结合集群认知的概念,本书认为,处于集群网络中的不同个体,将会受到社会低碳舆论、政府低碳政策等的影响,进而对低碳生产生活产生一定的需求,形成集群低碳认知。集群中的低碳认知程度越高,越会影响企业不同相关利益者的低碳认知,使其产生不同的低碳行为,或进行低碳技术合作创新,或进行低碳产品购买,或增强集群内部的低碳补贴、碳排放征税等行为。

综上所述,集群的低碳认知可以促进制造企业履行社会责任,进而强化创新绩效。基于此,本书提出如下假设:

H5:集群低碳认知在制造企业社会责任与企业声誉之间有正向调节作用。

H5a:集群低碳认知程度越高时,制造企业社会责任会促进企业进一步提升网络能力声誉。

H5b:集群低碳认知程度越高时,制造企业社会责任会促进企业进一步提升交易公平声誉。

H6:集群低碳认知正向调节制造企业社会责任与低碳创新绩效之间的正向关系。

第四节　制造企业社会责任与低碳创新绩效间有调节的中介作用

随着管理学领域学者们的实证研究的发展,人们逐渐开始关注一个整体模型框架中调节作用与中介作用结合的作用效果。在实证研究中,同时存在中介变量和调节变量时,除了要检验变量的中介作用与调节作用,还要检测变量是否具有被中介的调节作用和被调节的中介作用。被中介的调节作用强调调节变量是通过中介变量起作用的,也叫作第一阶段的有调节的中介作用;而被调节的中介作用则强调中介变量的作用要受到调节变量的影响,也叫作第二阶段的有调节的中介作用。2013 年,Hayes 将它们统称为有调节的中介作用。基于本书的研究问题,本书将针对研究的调节变量集群低碳认知,根据 Hayes 的有调节的中介作用理论进行分析,以获得制造企业社会责任通过企业声誉对低碳创新绩效的有调节的中介作用的认知。

本书根据上文的理论分析与逻辑推演,认为制造企业社会责任正向影响企业声誉,而集群低碳认知正向调节两者之间的关系。当制造企业履行社会责任、集群低碳认知程度较高时,促使企业不同利益相关者产生低碳认知,使其产生不同的低碳行为,或进行低碳技术合作创新,或进行低碳产品购买,或增强集群内部的低碳补贴以及碳排放征税等行为,并提升了企业网络能力声誉和交易公平声誉,进一步提升了低碳创新绩效。而集群低碳认知较低时,则情况相反。

因此,通过对以上变量关系的分析,以及学者们对有调节的中介作用的研究,本书提出了以下假设:

H7:集群低碳认知正向调节企业社会责任通过企业声誉影响低碳创新绩效的中介作用。

H7a：集群低碳认知正向调节企业社会责任通过企业网络能力声誉影响低碳创新绩效的中介作用。

H7b：集群低碳认知正向调节企业社会责任通过企业交易公平声誉影响低碳创新绩效的中介作用。

第五节　研究理论模型与研究假设

本书基于以上对制造企业社会责任与低碳创新绩效作用机制、制造企业社会责任与企业声誉的作用机制、企业声誉对低碳创新绩效的作用机制、企业声誉的中介机制、集群低碳认知的调节机制等多方面机制作用的分析与对比，构建了制造企业社会责任对低碳创新绩效影响的理论模型与假设，如图3.2所示。

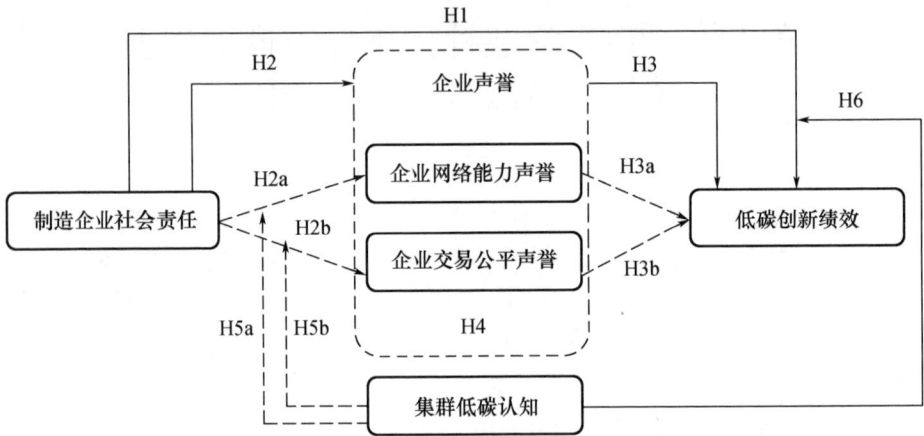

图3.2　制造企业社会责任对低碳创新绩效影响的理论模型与假设

本章通过对制造企业社会责任、企业网络能力声誉、企业交易公平声誉、集群低碳认知、低碳创新绩效之间的关系提出了下待检验假设。

1. 制造企业社会责任与低碳创新绩效

H1：制造企业社会责任对低碳创新绩效有显著正影响。

2. 制造企业社会责任与企业声誉

H2：制造企业社会责任对企业的声誉有显著正影响。

H2a：制造企业社会责任对企业的网络能力声誉有显著正影响。

H2b：制造企业社会责任对企业的交易公平声誉有显著正影响。

3. 企业声誉与低碳创新绩效

H3：企业声誉对企业低碳创新绩效有显著正影响。

H3a：企业网络能力声誉对制造企业低碳创新绩效有显著正影响。

H3b：企业交易公平声誉对制造企业低碳创新绩效有显著正影响。

4. 企业声誉的中介作用

H4：企业声誉在制造企业社会责任与低碳创新绩效之间起部分中介作用。

H4a：企业的网络能力声誉在制造企业社会责任与低碳创新绩效之间起部分中介作用。

H4b：企业的交易公平声誉在制造企业社会责任与低碳创新绩效之间起部分中介作用。

5. 集群低碳认知的调节作用

H5：集群低碳认知在制造企业社会责任与企业声誉之间有正向调节作用。

H5a：集群低碳认知程度越高时，制造企业社会责任会促进企业进一步提升网络能力声誉。

H5b：集群低碳认知程度越高时，制造企业社会责任会促进企业进一步提升交易公平声誉。

H6：集群低碳认知正向调节制造企业社会责任与低碳创新绩效之间的正向关系。

6. 集群低碳认知有调节中介作用

H7：集群低碳认知正向调节企业社会责任通过企业声誉影响低碳创新绩效的中介作用，

H7a：集群低碳认知正向调节企业社会责任通过企业网络能力声誉影响低碳创新绩效的中介作用。

H7b：集群低碳认知正向调节企业社会责任通过企业交易公平声誉影响低碳创新绩效的中介作用。

第六节　本章小结

本章对制造企业社会责任促进低碳创新绩效提升的影响机制进行了深入的分析后，提出了二者之间的直接作用假设，对中介变量企业声誉的中介效应进行了分析，然后从中介效应的视角，对企业声誉的提升如何促进低碳创新绩效的更好提升展开了系统的论述。针对企业声誉的部分中介作用，本章也进行了的分析，为下文进行的实证分析打下了好的基础。引入了集群低碳认知的调节作用后，制造企业社会责任对低碳创新绩效的影响路径更为丰富，本书进而更深入透彻地分析了企业社会责任与集群低碳认知之间的交互作用，建立了影响机理的概念模型，为后文的实证检验提供了理论基础和依据。

第四章 制造企业社会责任对低碳创新绩效影响的研究设计与数据分析

前文在分析了国内外相关研究现状、深入剖析了相关理论的基础上,对变量间的作用机制、理论框架提出了适当的观点,运用理论与实证相结合的方法系统地进行了对各作用机制的检验,进而更清晰地体现因变量、自变量、中介变量、调节变量间的作用关系。

本书的研究内容——制造企业社会责任对低碳创新绩效的影响,使得本书研究难以通过收集企业专业数据及年鉴来衡量关键变量,因此,笔者采用向企业发放问卷的调查方式来获取关键数据。所有的变量数据均通过问卷调查获得,本书研究中使用的量表尽量来自于国内外公开发表的相关文献使用的成熟量表,并在借鉴学术文献的基础上,结合制造企业实地调研、座谈结果以及导师和相关领域专家的意见,对相关测量问题进行修正和调整,使其既能够尽量满足我国制造企业的实际情况,又能够尽量贴近本书研究的研究背景。

第一节 问卷设计与小样本测试

问卷在设计时的有效性会直接影响所获取数据是否适合研究的需要,也是数据有效性和可靠性的前提要素,因此问卷的设计的首要工作就是要进行相关调查。在国内外学者已有研究的基础上,本书采用以下步骤来设计问卷:

(1)深度阅读相关文献,开展实地调研;

(2)和相关领域的学术专家、教授及相关科研人员沟通对话,进行分析讨论;

(3)与企业管理人员针对问卷中的问题的设计进行沟通;

(4)对设计的问卷进行预测试,并在此基础上完成问卷的最终定稿。

笔者使用 CSSCI(Chinese Social Sciences Citation Index,中文社会科学引文索引)以及 WOS(Web of Science)对社会责任、企业创新、企业声誉以及集群认知的国内外相关文献进行了全面的检索,依据检索结果初步筛选出了重要的与研究主体有密切联系的国内外学者的相关文献,通过分析与梳理提炼出了制造企业社会责任与低碳创新绩效关系研究的相关测量变量的相关测量题项,并做了进一步比较与总结。搜集整理工作结束后,笔者从所整理的变量测量题项中选出了适用于本书研究并经过多次实证检验的变量测量题项,这些变量测量题项是经过论证的,并且已经在学者们的研究过程中通过了信度与效度的检验,信度和效度均较好。此外,笔者所整理出的变量测量题项大多数源自国内外相关领域研究机构的经过实证研究的成熟量表。

本书研究所借鉴的量表大多是国外学者的研究成果中的用英文表述的成熟量表,根据以往学者对这类问题的处理经验,在翻译英文量表题项或问卷时,为了可以更准确地翻译,在不改变原意的前提下,本书采用了二次翻译的方法来对国外学者的问卷进行翻译。首先请该研究领域英文水平较高的人将英文问卷的题项翻译成中文,然后请另一位从事英语教学人将译好的中文翻译成英文,最后对两份英文问卷进行细致对比,通过分析二者间存在的明显区别对语意进行修改与调整,进而形成最终的中文调查问卷。国内管理学领域颇多使用本书所采用的这种方法。

虽然本书所借鉴的成熟量表在相关研究领域中已经通过了信度与效度的检验,但是,要将其中的题项运用到本书的研究中还需要同本书研究所属研究领域的专家与学者对每个题项的适合程度进行研讨,并结合专家与学者们所给出的专业意见,根据实际情况对题项进行恰当的修改。

除了要以相关理论为基础对问卷的题项进行探讨,还需要根据企业中相关人员对设计的问卷的意见与建议,对问卷进行修正。笔者选择了黑龙江省三家企业的 6 名高管进行访谈,访谈共三次,每次对两人进行访谈,每次访谈时间约 30 分钟。访谈内容主要是问卷所设定量表题项的适合度,以及研究总体框架及研究样本的适合度。量表题项的适合度方面,受访者表示个别题项在语言表达方面用词过于专业化,不易理解;研究总体框架的适合度方面,受访者表示整体来看比较适宜,可以如实反映研究总体目标及研究过程;研究样本的适合度方面,受访者建议发放问卷不要受地域限制,要在全国范围内进行发放,并且发放对象应具有一定的代表性。

在此基础上,在进行大规模问卷发放之前,笔者对所在学校 MBA、MPA 以及 EMBA 学员中制造企业相关单位的中层以上管理者(共 65 人)发放了问卷,进行了小样本测试,发放时间为 2016 年 11 月至 12 月。笔者根据测试结果对量表题项进行了修正,对小样本测试数据结果进行了统计分析,各变量总量表以及对应分量表的 Cronbach'α 值、KMO 值、巴特利球型检验显著性程度,各变量对应因子载荷和公因子累积解释总方差变异等指标均通过检验。在此基础上,笔者依据小样本测试被调查者的的反馈对量表布局、措辞等进行了调整,形成了最终的问卷。

第二节　相关变量测量

一、制造企业社会责任测量题项

企业需要履行种类繁多的社会责任,同时外界主观因素会对企业履行社会责任信息的披露造成较大影响,目前还不存在固定或统一的企业社会责任履行情况的量化方法。当下国内外专家对企业社会责任履行情况的量化方法主要包括以下几种。

(一)声誉指数法

声誉指数法对企业社会责任履行情况的量化指标即为其对企业声誉的量化指标,而量化企业声誉的方法大多为参考专业人士对企业社会责任履行情况的专业化评价并以此为基础形成声誉量化指标。Morskowitz 是创造了该方法的人,他利用自己创造的声誉指数体系评价归类了 14 家企业履行社会责任时的行为特征。除此之外,《财富》杂志给出的声誉指数是当下最具影响力的声誉指数。但是,声誉指数法具有较强的主观性,最近几年很少有专家学者在研究分析过程中使用该方法。

(二)内容分析法

通过收集、归纳和分析已知的与企业社会责任履行信息相关的书面文稿或报告,提炼其关键性内容并生成相应的数据指标评判企业社会责任履行情况的方法即为内容分析法。所需提炼的数据主要来自企业可持续发展年度报告、企业社会责任年度报告、企业年度报告和各类公开报道等。这种方法的优势是拥有各式各样的信息获取途径,但采用这种方法时企业信息披露的完整性和提炼、分析信息指标的多样性也会对数据指标产生较大的影响。最近几年,国内外很多专家在评价企业社会责任履行情况时使用了该方法。

(三)问卷调查法

问卷调查法通过设计与企业社会责任履行情况有关的调查问卷以及统计分析调查结果的方式实现对企业社会责任履行情况的量化。问卷调查法的优势在于具备较强的针对性,可以在设计量化表的过程中切合企业的实际状况。但是,这种方法也存在一些问题,例如难以大量向企业发放和收回调查问卷,并且在进行问卷调查的过程中被调查企业会刻意回避一些敏感的社会责任问题,其回答的真实性存在不确定性。刘建秋、张兆国、Cegarra - Navarro 以及刘建秋等人在量化企业社会责任履行情况时都采用了该方法。

(四)专业机构数据库

通常情况下,国外企业会通过专业机构数据库对上市公司进行社会评价。目前,全球范围内比较权威的数据库包括 KLD 数据库、环球润灵数据库等。这些数据库中的资料涵盖企业的产品、员工、管理制度、背景文化、经营模式等各个方面的内容,从社会、环境等各个角度对企业进行全面评价。其中还包括企业对弱势群体的分析评价。近年来,我国相关机构也越来越重视企业社会评价,我国已初步形成具有中国特色的企业社会评价体制,同时也形成了一些获得业界认可的数据库,例如环球润灵数据库和迅网数据库等。其中,环球润灵数据库以中国社会科学院发布的《企业社会责任蓝皮书》为主要信息来源。我国相关领域的专家学者也一直致力于相关数据库的研究。王文成补充和完善了中国社会科学院发布的《企业社会责任蓝皮书》中的 19 个指标,使得企业社会责任数据库的评价更为全面、客观。王清刚和潘习平则对迅网数据库的企业社会责任评价体系进行了研究。

Abbott 和 Monsen 认为企业社会责任是多维度视角下的衡量变量,他们通过对社会外部环境、从业公平性、社区参与度、产品质量等的考量,提出了细致的各维度相关的测量题项。Hamilton 则认为企业社会责任有两个维度,即内部的企业社会责任和外部环境的企业社会责任,具体分析了内外部环境的企业利益相关者履行的社会责任行为,其对企业外部环境主要从社会环境、社区、政府等具体职能部门的政策导向及需求方面进行测量变量的题项描述。

陈宏辉和贾生华以利益相关者理论的核心观点为理论基础,认为企业在履行社会责任时,其利益相关者主要包括股东、债权人、供应商、员工、消费者、社区、媒体、一般公众以及自然环境等,在此基础上他们进行了不同利益相关者维度具体测量题项的设置与描述。郑海东在国内外研究学者的研究成果基础上,提出企业履行社会责任的利益相关者主要包括股东、政府、自然环境、社区等,通过建立企业履行社会责任时涉及的测量题项建立了专业全面的数据库。白楠楠综合考虑了Carroll 以及企业履行社会责任的利益相关者理论,通过对企业社会责任的二维度划分,分析整理出了包扩社区、公众、自然环境、弱势群体等具体方面的 20 余个测量题项。

表 4.1 为常见企业社会责任履行情况的量化方法的特点和主要内容。

表 4.1　常见企业社会责任履行情况的量化方法的特点和主要内容

量化方法	特点	主要内容
声誉指数法	一致性较高、认知能力有限	由研究人员评价企业声誉进而评价企业社会责任履行情况。由于认知能力有限,一般最多只能评价 20~30 个企业
内容分析法	操作简单、选择主观性强、随意性较大	在与企业社会责任履行信息相关的书面文稿或报告中筛选出与企业社会责任履行情况相关的重要信息

表 4.1(续)

量化方法	特点	主要内容
调查问卷法	操作简单、成本较低	用若干个题项来描述变量的各个维度,对量表进行设计,以问卷形式请求被调查者对题项进行评价,进而评价企业社会责任履行情况,但该方法对问卷的信度和效度要求较高
专业机构数据库	内容全面、可靠性较高、存在地域局限性	通过专业机构数据库对企业进行社会评价

资料来源:作者整理

　　基于第二章的分析,本书从更全面的视角分析了本书研究内容的研究现状,采用问卷调查的方法对企业社会责任进行测量,使得后文的数据收集与实证研究过程及结果更具可行性和真实性。本书从国内外学者利益相关者理论视角出发,研究了关于企业社会责任的测量题项,主要对企业、顾客、消费者、社会环境、股东等多个利益相关者主体进行分析评价。

　　通过分析与借鉴国内外学者的研究成果,本书以利益相关者为关键理论基础,基于学者们对利益相关者的具体划分,深入分析企业履行社会责任时,对各利益相关者所承担的相应责任,梳理、归纳总结了国内外学者对企业履行社会责任时对利益相关者承担责任的关键指标。本书认为,企业社会责任是指企业在创造利润、对股东承担经济责任的同时,对员工、消费者、社会和环境承担责任的总称。企业社会责任即是企业对相关利益共同体所承担的责任,处于低碳经济背景下的制造企业,其社会责任主要体现在其在低碳生产、制造以及社会环境保护方面所要承担的相关责任。根据利益相关者理论,本书从所有权、经济依赖以及社会利益角度,将制造企业履行社会责任的主体划分为:债权人、股东、消费者、供应链上下端企业以及社会环境。

　　从现有的国内外学者的研究成果中,本书归纳整理出了企业社会责任相关研究的成熟量表。现阶段,在学者们对企业社会责任的相关研究中,以利益相关者理论为基础对企业履行社会责任时的主体进行划分的文献数量较多,经过对现有成熟问卷的确认筛选,本书整理出了有关研究的相关测量题项。对企业社会责任的相关测量题项进行语义表达方面的修正后,形成了最终测量题项。在进行问卷设计与调查时,测量题项的语义需尽可能地与相关概念关键词保持语义上的异质,确保量表的信效度在合理范围区间内。在反复修正后,形成制造企业社会责任的有关测量题项。

　　基于此,本书对企业社会责任的测量主要参考 Schwartz 和张川等人的研究成果聚焦于制造企业向相关利益者所负责任,从政府、消费者、社会环境、债权人、股东、供应链上下端企业等方面来考察,见表4.2。

表4.2　制造企业社会责任量表

变量名称	利益相关者	编号	题项
企业社会责任	政府	SHZR1	制造企业对政府低碳行为约束的实施情况
	消费者	SHZR2	消费者对制造企业低碳生产的要求
	社会环境	SHZR3	社会环境对制造企业的低碳约束
	债权人	SHZR4	债权人的低碳创新生产要求
	股东	SHZR5	股东的低碳创新生产要求
	供应链上下端企业	SHZR6	供应链上下端企业群的低碳生产要求

资料来源:作者整理

二、低碳创新绩效测量题项

低碳创新绩效是本书研究的被解释变量,笔者通过分析国内外有关创新绩效的研究文献,发现现有的有关创新绩效的研究文献,从多角度运用不同的基础理论对创新绩效进行研究,技术创新对企业可持续发展竞争力的重要性已得到了学术界和企业界高度认可,制造企业逐渐意识到了创新绩效提升的价值。但由于研究的复杂性和多样性的限制,对创新绩效的评价指标尚未统一。

有些学者认为对创新绩效应该使用单一的指标测量,并认为研发投入、专利数、专利引用数和新产品发布等指标,在统计学意义上存在着计量重叠的关系。2008年,王飞绒认为测量创新绩效的单一指标最常用的主要有新产品数、新产品产值占销售额的比例及专利数。1993年,Devinney经过实证研究发现,新产品数和专利数之间的相关关系较弱,二者在产业层面有显著的正相关关系。多数学者更倾向于用多个指标对创新绩效进行测量。通过在第二章中对创新绩效评价指标的分析整理,笔者认为,采用多指标测量方法对创新绩效进行分析,可以从多个方面反映企业创新绩效的表现,使得研究具有理想的信度和效度。结合我国制造企业在低碳情境中发展技术创新的现状,国内外现有文献有关低碳情境中技术创新绩效的研究及创新绩效的测量方法,对本书的研究有重要的借鉴意义。基于此,本书对低碳创新绩效的测度参照李先江和毕克新等人的研究,从经济绩效和低碳绩效两方面,用6个题项对制造企业的创新绩效进行测量,从经济绩效视角主要包括:专利申请数量、新产品销售收入、低碳科技成果转化效率。从低碳绩效视角主要包括:碳排放情况;三废综合利用产值;资源与能源消耗。制造企业低碳创新绩效量表见表4.3,题项采用7级Likert – type量表,并要求受访者根据自身企业在近三年的表现,与国内同行业具有竞争关系的企业比较后如实填写。

表4.3　制造企业低碳创新绩效量表

变量名称	编号	题项
创新绩效	CXJX1	企业专利申请数量更多
	CXJX2	企业新产品销售收入占总销售额的比例更大
	CXJX3	企业的低碳科技成果转化率更高
	CXJX4	企业的碳排放情况更好
	CXJX5	企业的三废综合利用产值更高
	CXJX6	企业资源与能源消耗量更大

资料来源:作者整理

三、企业声誉测量题项

企业声誉受到认知对象的固有的认知模式和认知背景的影响,是社会认知的产物。

已有文献中对企业声誉的测量方法有多种,主要可以归纳为以下几类:其一,运用量表对企业声誉进行测量;其二,采用多层级模糊评价方法,对企业的财务指标数据进行综合,评价企业声誉;其三,企业声誉可以认为是一种无形资产,因此对企业声誉的评价也可等同于对无形资产的评价。

企业声誉测量的相关研究成果明确了企业声誉影响因素的研究价值。对企业声誉的测量,首先要考虑的就是各种利益相关者的评价因素。国外学者对企业声誉的研究主要采用定性、定量相结合的方法对企业声誉进行排序。国外的知名机构及杂志也进行了对企业声誉的排序工作。

出现最早的企业声誉排序体系由美国的《财富》杂志建立。通常情况下,《财富》杂志会以年为单位,邀请企业的董事、经理和证券分析师等,对就创新、财务表现、人才的吸引开发和使用、公司资产使用、长期投资价值、社会与环境责任、管理水平,以及产品与服务质量进行客观评价并为各个有关行业打分,得出全面声誉指数,针对声誉指数为评选"美国最具声誉的公司"提供有力依据。

随后,暨《财富》杂志对"美国最具声誉的公司"评选后,又重磅举行了"全球最具声誉的企业"评选,除AMAC的重要评价指标八个指标外,《财富》又将企业的全球业务的有效性这一重要的评价指标纳入了评价体系中,通过将九项评价指标进行算术平均数取值,据此衡量企业声誉指数。然而,多数学者认为以上两种对企业声誉的评价方式无法真实测量企业声誉。Fombrun 和 Shanley 在进行实证分析后，发现基于以上评选的各种评价指标体系存在着高度相关，而企业声誉的测量结果却与财务显著相关，除此之外，有些因素无法测量，具有一定的片面性。例如，企业在评估 ORS 时，也要考虑企业外部各种利益相关者的观点，其与企业内部人员也会产生理解性的偏差。

2000 年，Fombrun 联合调查公司及科研院所针对企业声誉进行了网络在线调查。在其所开发的调查量表中，主要从以下几方面进行因子设置：企业的产品和服务、企业工作环境、企业社会责任、企业愿景和领导、企业财务绩效，以及情感吸引力。各个因子总计设置 3~4 个题项，让被调查者对题项进行打分，综合外部各利益相关者对企业的评价，从而确定"商誉"。

德国《管理者》杂志采用创新性、环境责任感、财务和经济稳定性、产品质量、成长率、国际化等 11 项指标对企业声誉进行测量，得到"综合声誉"。英国《当代管理》杂志采用的评价指标包括创新能力、社区和环境责任、长期投资价值、产品和服务质量等 9 项。2004 年，Schwaiger 通过探索性因子分析，验证了质量、业绩、责任和吸引力四个重要驱动因素对企业声誉的影响。其中，质量的下一级指标涉及创新的意愿等 8 项指标题项，业绩的下一级指标涉及环境稳定等 5 项指标题项，责任的下一级指标涉及社会责任感、保护环境等 4 项指标题项，吸引力的下一级指标涉及物质环境舒适等 3 项指标题项。

使用量表对企业声誉进行测量是现阶段学者们主要使用的评价企业声誉的方法。学者们普遍认为企业声誉是一种基于利益相关者的感知或评价。

2000 年，Fombrun 提出了声誉商数量表，共六个维度 20 个指标。2004 年，Manfred 构建了二维度的企业声誉计量模型。2007 年，荆叶选取了 12 个财务指标作为企业声誉评价模型的构建基础，按照各利益相关者的关注程度，构建了企业声誉的评价模型。2007 年，马志强等运用多级模糊综合评价方法对企业声誉测量进行了探讨，并将指标体系分成三级——社会关系、企业内部管理和企业资产盈利能力，作为企业声誉评价的因素集。2007 年，肖海莲、胡挺在研究企业声誉与企业绩效的关系时，将企业声誉设置为虚拟变量，将企业声誉值设置为 −1、0、1 三个档次，结果证明企业声誉与企业绩效有正相关关系。

现阶段，学者们对企业声誉的研究成果较丰富，从不同视角对企业声誉进行了系统分析，但至今仍未形成统一的意见。在对企业声誉进行测量时，不论是从实践研究的视角还是从学术研究的视角，学者们都更关注利益相关者群体问题。本书主要参考了国内外学者的成熟量表，采用王启亮和 Neves 等的做法，将企业声誉定义为二维度的态度变量，两个维度分别是网络能力声誉和交易公平声誉，借鉴 2004 年 Schwaiger 经过实证研究的成熟量表，基于国内外研究现状，对企业声誉进行直接的测量。本书在两个维度共设置 5 个题项。

在网络能力声誉维度,设置以下题项:

(1)善于调节、优化与集群中合作者的正式与非正式关系;

(2)可以有效整合集群产业中的各类低碳相关资源;

(3)在制造业集群中有较高的创新能力。

在交易公平声誉维度,设置以下题项:

(1)对低碳产品进行合作定价;

(2)对低碳合作的企业给予公平回报。

表4.4为企业声誉量表,题项采用7级 Likert – type 量表,并要求受访者按照真实想法进行填写。

表4.4　企业声誉量表

变量名称		编号	题项
企业声誉	网络能力声誉	WLNL1	善于协调、优化与集群中合作者的正式与非正式关系
		WLNL2	可以有效整合集群产业中的各类低碳相关资源
		WLNL3	在制造业集群中有较高的低碳创新能力
	交易公平声誉	JYGP1	对低碳产品进行合作定价
		JYGP2	对低碳合作的企业给予公平回报

资料来源:作者整理

四、集群低碳认知测量题项

产业生态系统理论提出,产业生态系统作为重要的仿生态系统的组织结构,在发展过程中更强调产业的低碳创新,其包含了生态系统的基本要素(非生物环境、生产者、消费者、分解者)。非生物环境是原材料及自然资源条件;生产者是利用非生物环境和基本的资源投入、能源动力投入生产出产品的主体;消费者是使用产品和消费的主体人群,用生产者提供的可以消费的产品,满足自身行业发展的需要;分解者的职能是对污染物循环利用,使得工业企业的所生产的副产品污染物量减少。在产业集群模式之下的生态系统组建过程中,生态系统中的物质会经过多次循环再利用,在闭环式产业结构中建立了企业间比较密切的生态关系,上下游企业对于低碳产品的认知、消费者对购买低碳产品的偏好、集群其他成员对低碳生产的约束要求三者共同作用,实现了产业的可持续发展。

目前,我国产业集群数量多、结构复杂、集群低碳化水平受到产业集群发展阶段、技术水平、消费模式等驱动因素的影响。我国产业集群正处于转型升级阶段。

基于上述分析,本书对调节变量集群低碳认知的测量主要参照姜宏和 Olazabal

等人的研究,从上下游企业、消费者、集群其他成员(产业集群内企业)三方面考察。具体测量题项设置如下:

(1)上下游企业对于低碳产品的认知;

(2)消费者对购买低碳产品的偏好;

(3)集群其他成员对低碳生产的约束要求。

表4.5为集群低碳认知量表,题项采用7级Likert-type量表,并要求受访者按照真实想法进行填写。

表4.5 集群低碳认知量表

变量名称	编号	题项
集群低碳认知	DTRZ1	上下游企业对于低碳产品的认知
	DTRZ2	消费者对购买低碳产品的偏好
	DTRZ3	集群其他成员对低碳生产的约束要求

资料来源:作者整理

五、控制变量

诸多控制变量也可能对低碳创新绩效的提升产生影响,为更好地证明本书选出的变量对低碳创新绩效的影响,需要引入部分控制变量。本书控制变量的选取综合参照杨燕、奉小斌等的研究中聚焦企业创新的控制变量选取原则,选取企业规模(GM)、企业成立年限(NX)、企业所有制类别(LB)、被调查者的受教育程度(JY)和被调查者的年龄(NL)5个变量作为控制变量。控制变量维度见表4.6。

表4.6 控制变量维度

变量	题项
控制变量	企业规模(GM)
	企业成立年限(NX)
	企业所有制类别(LB)
	被调查者的受教育程度(JY)
	被调查者的年龄(NL)

资料来源:作者整理

其中,企业规模(GM)用正式员工的自然对数值表示;企业成立年限(NX)用企业成立的年限的自然对数值表示;企业所有制类别(LB)用自然数 0 和 1 进行区分,0 表示非国有控股企业、1 表示国有企业或国有控股企业。被调查者的受教育程度(JY)题项采用 5 级 Likert – type 量表,1 分代表大专以下学历,2 分代表大专学历,3 分代表本科学历,4 分代表硕士学历,5 分代表博士学历;被调查者的年龄(NL)也采用 5 级 Likert – type 量表,1 分代表 25 周岁及以下,2 分代表 25 ~ 35 岁,3 分代表 36 ~ 45 岁,4 分代表 46 ~ 55 岁,5 分代表 56 岁以上。

第三节　研究样本选择、数据收集与样本特征描述

本书研究重点在于低碳情境中制造企业社会责任与创新绩效之间的关系,二者关系研究所涉及的相关研究变量主要包含:制造企业社会责任、低碳创新绩效、企业声誉,以集群低碳认知。本书采用了问卷调查法对数据进行收集,确定了调查问卷的量表题项以及整体问卷设计,基于以上工作的顺利完成,为了保证搜集到的数据的科学合理性以及有效性,本书也运用了合理的科学方法对模型的相关数据进行了整理和分析工作,这也为下一步进行实证检验提供了重要的前提保障。

一、研究样本选择

由于本书涉及企业层面的运作与战略分析,因此在样本选择上本书较为谨慎地对样本进行了筛选评估。作为实证研究前的一个重要环节,在研究中样本的选取优良与否会直接影响实证研究的分析结果,应根据研究方向在搜集数据时规避客观的制约因素。由于现有的研究学者多以制造企业作为研究对象,制造企业在生产经营及技术创新活动中,高耗能、高污染、高成本现象极为显著,其行为特征更易观察,拥有更多的创新驱动力,创新活动更加频繁,在低碳经济时代,制造企业面临的任务不仅是高效率生产,其社会责任也增加了节约能源资源、保护社会生态环境等低碳责任。

与此同时,相对于众多行业的企业来讲,技术创新能够真实反映企业生存和发展的关键驱动作用,是企业在技术创新生产经营过程中成功获取同行业竞争优势的关键手段,而制造企业在此方面的表现更为明显。企业社会责任也促进了制造企业对产品、技术等创新的步伐。

由于调研数据的获取具有较高的难度,因此在发放调查问卷的过程中,一些作为调查研究样本的制造企业存在着不愿透露重要信息而不愿配合调研的情况。因此,本书利用高校 MBA、MPA、EMBA 班的资源,对样本企业进行选择。为了更全面地研究制造企业社会责任与低碳创新绩效的互动关系,本书参照现有文献对创新方面的控制变量的选取原则,将企业规模、企业成立年限、企业所有制类别作为控制变量,纳入分析模型中。在进行调查问卷发放时,企业规模、企业成立年限以及

企业所有制类别要表现出异质性的特征,使得研究结果具有普遍性。另一方面,研究对象的地理区域主要设置在黑龙江、沈阳、北京、江苏、四川、上海、广东等。本书的调查对象主要是制造企业的中高层管理者、部门负责人等。

二、数据收集

由于本书做样本收集是在企业层面,集群企业低碳认知则是企业中高层领导需要具备的能力,因此本书的调查对象的工作层级被限定了。调查问卷的调查对象为制造企业的中高层管理者、部门负责人等,其由于身份的特殊性,填写问卷时间有限,以及不能泄露企业重要信息,使得调查问卷发放存在较大难度,调查问卷的回收率偏低,调查问卷的有效性不在合理范围内。

为了提升数据的有效性,本书在收集数据的过程中关注了以下两个方面。首先,向被调查者发放调查问卷时,强调本次答题的目的是帮助收集科学研究的相关数据,被调查者在书写调查问卷时,允许以全匿名的方式填写调查问卷,被调查者的真实身份以及所回答的企业的关键信息不会被泄露。其次,研究调查问卷发放形式具有多样性,除了现场发放调查问卷并进行回收外,通过关系网络寻找到制造企业的中高层管理人员进行电话或面对面沟通,或采用实地调研的沟通形式,并将调查问卷的传输形式规定为电子版要以邮件或 QQ 、微信等方式传输,关键的被调查者也会有电话访谈。

总之,本书调查问卷发放渠道多样,包括电话访谈、问卷邮寄和网络调研,并在调查问卷中设置态度问题选项,以便剔除有乱填嫌疑的被试问卷。本研究通过三种渠道共发放调查问卷 600 份,收回 489 份。存在问题的问卷剔除可避免影响分析过程与结果。被剔除的调查问卷主要存在以下几种情况:答案条目缺失、被调查者非样本选取对象、被调查者企业非调查有关企业、被调查者没有按照要求作答。将调查问卷发放与收回时间分别为 2015 年 9 月和 2016 年 12 月,历时 15 个月,收回率为 81.5% 。剔除无效问卷,共得到 417 份问卷,有效收回率为 69.5% 。有研究指出,采用问卷调查法进行实证分析的样本数以大于 150 份为宜,且一般为研究变量个数的 5 ~ 10 倍,因此本研究所获得的 417 份有效问卷满足实证分析所需要的问卷数量,符合统计要求。

除此之外,考虑到本研究采用的调查问卷由同一人填写的客观情况,本研究特别关注了同源偏差的问题。针对这个问题,本研究通过统计控制和程序控制的方法尽可能地降低其影响。首先,笔者向被调查者充分说明了调查问卷的用途,并令被调查者匿名填写调查问卷,保证了调查问卷结果的无偏性。其次,笔者对调查问卷收集到的信息和数据进行哈曼单因子检验,结果表明主成分的因子载荷仅为 27.036% 。综上,本研究中同源偏差问题并不显著。除此之外,以调查问卷的形式收集样本数据时还必须考虑无回复偏差的问题。根据专家的建议,本研究将不同时期的调查问卷结果进行了比较和差异性检验,以早期收集到的 50 份样本数据与后期收集到的 50 份样本数据进行 T 检验,结果表明两组样本数据并无显著差异,因此,本研究中无回复偏差问题也不显著。

三、样本特征描述

本书对收集到的 417 份有效问卷进行了统计分析与数据分析,对样本所体现出的基本特征进行了简要分析,对企业规模(GM)、企业成立年限(NX)、企业所有制类别(LB)、被调查者的受教育程度(JY)、被调查者的年龄(NL)等进行了系统的分析归类。

(一)企业规模

企业规模在企业的创新发展过程中产生了重要影响,国内外学者们通常以企业规模作为研究框架中的控制变量,探究企业规模对企业创新的影响。对于企业规模主要通过企业资产、企业员工人数两种方式来衡量,本书使用企业员工人数来衡量企业规模,分四个等级:企业员工人数 500 人以下,企业员工人数 500~1 000人,企业员工人数 1 000~2 000 人,企业员工人数 2 000 人以上。

企业规模分布见表 4.7。企业员工人数 500 人以下的企业所占比例为27.82%,企业员工人数 500~1 000 人的企业所占比例为 33.57%,企业员工人数 1 000~2 000 人的企业所占比例为 18.23%,企业员工人数 2 000 人以上的企业所占比例为 20.38%。企业员工人数 500~1 000 人的企业样本数量最多,企业员工 1 000~2 000 人的企业样本数量最少。

表 4.7 企业规模分布

企业规模	频数	百分比	累计百分比
500 人以下	116	27.82%	27.82%
500~1 000 人	140	33.57%	61.39%
1 000~2 000 人	76	18.23%	79.62%
2 000 人以上	85	20.38%	100.00%
合计	417	100.00%	

数据来源:作者整理

(二)企业成立年限

企业成立年限是体现企业的基本特征的重要指标,企业经营时间越长,机遇也就越多,随之带来的创新方面的生产及消费需求存在着显著差异,企业创新驱动方面战略制定必然要将企业成立年限纳入衡量。本书按照企业成立年限将企业分为四类。截至被调查日,企业成立年限为 5 年以下的企业所占比例为 25.18%,企业成立年限 5~10 年的企业所占比例为 31.18%,企业成立年限 10~20 年的企业所占比例为 23.50%,企业成立年限 20 年以上的企业所占比例为 20.14%。表 4.8 为企业成立年限分布。样本中企业成立年限 5~10 年的企业占多数,由总体样本的数据描述性统计分析可发现,企业成立年限的整体分布呈现正态分布,说明该样本具有较好的样本代表性。

表 4.8　企业成立年限分布

企业成立年限	频数	百分比	累计百分比
5 年以下	105	25.18%	25.18%
5~10 年	130	31.18%	56.35%
10~20 年	98	23.50%	79.86%
20 年以上	84	20.14%	100.00%
合计	417	100.00%	

数据来源:作者整理

(三)企业所有制类别

根据业界对企业所有制的类别的划分,可以将企业分为国有企业、合资企业、私有企业和外资企业四种类型,以本书的研究内容和已有的研究做法为基础,本书将样本企业主要划分为两类,即国有或国有控股企业和非国有控股企业。由表4.9可以看出,国有或国有控股企业所占比例为 55.64%,非国有控股企业所占比例为44.36%。总体上看,国有或国有控企业的样本数量较多。

表 4.9　企业所有制类别分布

企业所有制类别	频数	百分比	累计百分比
国有或国有控股企业	232	55.64%	55.64%
非国有控股企业	185	44.36%	100.00%
合计	417	100.00%	

数据来源:作者整理

(四)被调查者的受教育程度

在被调查者的受教育程度方面,大专以下学历的被调查者所占比例为1.44%,大专学历的被调查者所占比例为 8.15%,本科学历的被调查者所占比例为

49.40%,硕士学历的被调查者所占比例为39.57%,博士学历的被调查者所占比例为1.44%,见表4.10。此结果与被调查者在企业中的身份有关,本书调查问卷的发放主要面向制造企业的中高层管理者、部门负责人等。

表4.10 被调查者的受教育程度

被调查者的受教育程度	频数	百分比	累计百分比
大专以下	6	1.44%	1.44%
大专	34	8.15%	9.59%
本科	206	49.40%	58.99%
硕士	165	39.57%	98.56%
博士	6	1.44%	100.00%
合计	417	100.00%	

资料来源:作者整理

(五)被调查者的年龄

根据对相关文献的分析,参照已有国内外学者研究的做法,本书对被调查者的人口统计学特征进行了初步分析。被调查者年龄分布见表4.11。本书将被调查者的年龄划分为四个层级,按照所占比例大小进行排序,由大到小分别为46~55岁、36~45岁、56岁以上、26~35岁、35岁以下,其所占比例分别为48.20%、37.41%、8.15%、4.80%、1.44%,所占比例最高的是46~55岁,所占比例最低的是35岁以下,符合国内企业中高层管理者、部门负责人的年龄分布情况。

表4.11 被调查者的年龄分布

被调查者的年龄	频数	百分比	累计百分比
25 岁以下	6	1.44%	1.44%
26~35 岁	20	4.80%	6.24%
36~45 岁	156	37.41%	43.65%
46~55 岁	201	48.20%	91.85%
56 岁以上	34	8.15%	100.00%
合计	417	100.00%	

资料来源:作者整理

(六)被调查者所在企业所属行业

本研究在进行调查问卷发放时,主要针对国内具有一定规模的位于黑龙江、沈阳、北京、江苏、四川、上海、广东等的制造企业。从调查问卷收回情况看,样本企业的具体行业分布见表4.12,专用设备制造业所占比例为12.23%,通用装备制造业所占比例为10.31%,矿产及矿产加工制造业所占比例为7.91%,化学原料及化学制品制造业所占比例为11.27%,电器机械及器材制造业所占比例为16.07%,金属制品和家具制造业所占比例为15.11%,交通运输设备制造业所占比例为12.47%,通信、电子及计算机、仪器仪表制造业所占比例为14.63%。

表4.12 被调查企业所属行业分布

被调查企业所属行业	频数	百分比	累计百分比
专用设备制造业	51	12.23%	12.23%
通用装备制造业	43	10.31%	22.54%
矿产及矿产加工制造业	33	7.91%	30.46%
化学原料及化学制品制造业	47	11.27%	41.73%
电器机械及器材制造业	67	16.07%	57.79%
金属制品和家具制造业	63	15.11%	72.90%
交通运输设备制造业	52	12.47%	85.37%
通信、电子及计算机、仪器仪表制造业	61	14.63%	100.00%
合计	417	100.00%	

数据来源:作者整理

综上所述,可以看出本研究所选企业和被调查者的的各方面指标具有良好的区分度和广泛的代表性,能够满足实证研究的要求,样本数据特征统计见表4.13。

表4.13 样本数据特征统计($n=417$)

属性	类型	问卷数量	百分比
企业规模	500 人以下	116	27.82%
	500~1 000 人	140	33.57%
	1 000~2 000 人	76	18.23%
	2 000 以上	85	20.38%

表 4.13（续）

属性	类型	问卷数量	百分比
企业成立年限	5 年以下	105	25.18%
	5～10 年	130	31.18%
	10～20 年	98	23.50%
	20 年以上	84	20.14%
企业所有制性质	国有或国有控股企业	232	55.64%
	非国有控股企业	185	44.36%
被调查企业所属行业	专用设备制造业	51	12.23%
	通用设备制造业	43	10.31%
	矿产及矿产加工制造业	33	7.91%
	化学原料及化学制品制造业	47	11.27%
	电器机械及器材制造业	67	16.07%
	金属制品和家具制造业	63	15.11%
	交通运输设备制造业	52	12.47%
	通信、电子及计算机、仪器仪表制造业	61	14.63%
被调查者年龄	25 岁以下	6	1.44%
	26～35 岁	20	4.80%
	36～45 岁	156	37.41%
	46～55 周岁	201	48.20%
	56 岁以上	34	8.15%
被调查者的受教育程度	大专以下	6	1.44%
	大专	34	8.15%
	本科	206	49.40%
	硕士	165	39.57%
	博士	6	1.44%

数据来源：作者整理

在对调查问卷的基本情况进行统计的基础上，实证研究之前还需要对研究变量进行数据的描述性统计,描述性统计主要涉及数据变量的均值和标准差两个方面,使用软件对变量的测量数据进行均值和标准差计算。各研究变量数据的描述性统计见表4.14。

表4.14　各研究变量数据的描述性统计

变量		平均值	标准差	变量		平均值	标准差
企业社会责任	SHZR1	4.91	1.272	低碳创新绩效	CXJX1	4.79	1.242
	SHZR2	4.82	1.255		CXJX2	4.86	1.340
	SHZR3	4.85	1.211		CXJX3	4.61	1.256
	SHZR4	4.63	1.252		CXJX4	4.88	1.291
	SHZR5	4.51	1.248		CXJX5	4.92	1.421
	SHZR6	4.84	1.354		CXJX6	4.85	1.395
企业声誉	WLNL1	4.92	1.439	集群低碳认知	DTRZ1	4.83	1.265
	WLNL2	4.52	1.341		DTRZ2	4.52	1.256
	WLNL3	4.45	1.299		DTRZ3	4.71	1.245
	JYGP1	4.61	1.248				
	JYGP2	4.85	1.311				

数据来源:作者整理

从表4.14中可以看出,制造企业社会责任、低碳创新绩效、企业声誉、集群低碳认知4个研究变量的测量数据均值浮动在4.45～4.92,标准差浮动在1.221～1.439,表明获取的样本数据具有良好的区分度和离散性,可以进行下一步检验分析。

第四节　实证分析方法

本研究通过问卷调查的方法数据进行收集,在进行实证研究时方法主要有以下几种。

一、描述性统计分析

描述性统计分析是一种常用于企业绩效分析的方法,它的主要步骤可以分为三个:第一,搜集大量与企业相关的信息,包括文本资料、视频资料、数据等;第二,对搜集到的信息进行汇总和整理,计算出各个指标的平均值、标准差、方差等;第三,结合企业的实际情况和发展阶段,进一步分析样本的分布规律,客观公正地对企业进行评判。从本质上来说,这种分析方法利用了统计学和概率论的基本原理。大量的资料和数据保证了分析结果的准确性和无偏性,科学的计算公式帮助研究者们掌握了各类样本数据的分布规律,这些可靠的分析结果为以后的研究提供了参考依据。

二、信度分析

测验工具所检查到的结果的一致性或稳定性是信度反映的结果,同样可以作为被测特点真实程度的指标。信度分析(reliability analysis),可靠性分析是它的另一个名称,它作为一种有效分析方法主要是测验综合评价体系是否具有一定的稳定性和可靠性。折半信度法、Cronbach's α 信度系数法、重测信度法这三者共同构成了信度分析法的全部。本书对调查问卷收集的数据进行分析时运用了信度分析的方法,Cronbach's α 信度系数法是一种被全世界学者普遍接受的方法,大多数学者都运用这一方法来分析数据,还运用该方法来对内部一致性检验进行内部测量。在对数据进行信度检验时,信度和测量结果之间呈现一种正相关关系。所以,本书运用 Cronbach's α 信度系数对于数据进行分析测验。

三、效度分析

在数据实证分析之前有两步要走,那就是信度分析和效度分析,效度分析是信度分析以外对数据进行实证分析的一个过程。所谓效度,是对量表能否对本研究预测量的理论构念进行真正地测量。要分析能够进行效度分析的相关数据,内容效度、构念效度、准则相关效度以及校标效度等是主要的分析内容。关注内容效度和构念效度是运用量表数据研究效度分析的重要特点,因此,收敛效度和区别效度会成为本研究的主要视角。常常运用因子载荷、平均提取方差值(average variance extracted,AVE)等来进行收敛分析,运用 AVE 的平方根与变量之间的相关系数比较来进行判断是区别效度的重点。本研究在对已有研究的成熟量表整理的基础上而形成量表,并且对专家意见进行分析与吸收,加以改进,这从一个方面证实了内容的有效性,证明了本研究的量表具有一定的内容效度。

四、相关分析

测验两个变量之间的关联程度就是相关分析。假如两个变量的相关关系紧密,那就表示它们两个之间相关程度较高,反之就表示它们两个之间相关程度较低。凭借分析变量的相关关系,可以对变量之间的相关程度做进一步的了解,这样可以为以后的相关步骤打下良好的基础。在本研究中,进一步对理论模型进行实证分析时,制造企业社会责任、低碳创新绩效、企业声誉,以及集群低碳认知之间的相关关系起到重要作用。然而,变量之间的相关关系仅仅反映了变量之间的相互作用的可能性,却不能表示变量之间的因果关系。

五、层级回归分析

本研究中运用的本领域学者已有研究中常用的层级回归分析,是管理学研究领域里,用来对某个变量如何对另一个变量产生影响进行分析的统计分析方法,能更清晰的表现出理论模型中各个变量间的相互关系,并可以更深入确定得出模型中变量间相互关系的回归分析数值,从中分析出对因变量产生明显影响的变量,同时分析出这种影响是积极的还是消极的,这是运用层级回归分析的目的所在。本研究运用回归分析方法对于研究模型中有关中介变量与调节变量的假设进行检验。从对本领域学者已有研究的归纳整理来看,检验管理学研究问题比较常用的方法就是回归分析。本研究运用 Baron 和 Kenny 的逐步回归法对中介变量进行检验分析;将自变量和调节变量的乘积纳入已有的回归方程中对调节变量进行检验分析,并算出计算结果系数值的范围,进而明确是否显著,在分析时采用 SPSS 20.0 软件进行分析。

六、Bootstrap 分析

基于调查研究数据的计量研究,如果所采集的数据为一期的截面数据,往往需要考察变量之间的中介效应、调节效应,特别是对于管理学、社会学等学科的计量分析来说。对于中介效应、调节效应的分析,通常采用传统的三部检验法。然而,对于社会调查所取得的一手调查研究资料,如果样本数量不足或因调查研究条件所限而造成样本数据分布非正态,那么根据陈瑞的观点,使用 Baron 和 Kenny 的三步检验法来进行中介效应、调节效应检验,结果是有偏误的。陈瑞建议使用 Hayes 开发的基于 Bootstrap 分析的 Process 宏命令进行中介效应、调节效应检验。在采用 Bootstrap 软件进行分析的过程中,研究者往往会将研究样本作为研究总体,并在这个总体中进行抽样,即重复抽样。因此,本研究采用 Bootstrap 分析方法以及 SPSS 20.0 软件和 Process 宏命令对实证研究涉及的有调节的中介变量模型进行检验分析。

第五节　本 章 小 结

本章采用问卷调查的方式来收集相关的数据,所收集到的数据均来自于调查问卷,调查问卷的测量题项均来自国内外相关领域研究机构的经过实证研究的成熟量表,同时也进行了小范围测试,做出了微调和改进。本研究通过向相关企业发放调查问卷,展开数据收集、录入、分析与整理工作,确定了实证研究的方法,为后文对制造企业社会责任、低碳创新绩效、企业声誉、集群低碳认知之间的关系进行实证检验提供了依据。

第五章　制造企业社会责任对低碳创新绩效影响实证研究

基于前一章进行的研究设计和数据分析,从设计问卷到关键影响因素题项测量变量的确定,从发放调查问卷到进行数据收集,从研究样本数据的特征表述到样本总体描述性分析。在确定了下一步的研究方法后,基于研究命题的影响机理理论,对研究构念的研究命题假设及理论框架进行实证检验。

第一节　信度与效度分析

在对上文的研究假设命题进行实证检验前,首要任务是针对调查问卷量表题项的信度与效度进行分析。进行信度与效度检验分析的目的在于,真实准确地反映出调查问卷中量表的可靠性。信度分析的结果处于合理范围内,可保证样本数据的可靠性,才能进一步对制造企业社会责任与低碳创新绩效之间的研究命题假设进行统计检验,为二者间的作用关系的实证研究提供关键的条件。

一、信度分析

2014 年,罗胜强等认为对调查问卷中量表题项进行的信度检验,体现了测量变量在检验中由于客观原因所产生的随机误差,其避免干扰程度的客观表现,重点关注量表在进行测量时的稳定程度以及量表题项的一致性。量表在不同研究样本中,对构念的测量都具有可靠性。

在调查问卷量表的信度分析中,所涵盖的检验变量指标的体现内容有:复本信度、重测信度、内部一致性信度,以及组合信度与平均方差析出量(Average Variance Extracted,AVE)。研究领域处于管理学范畴时,国内外研究学者将内部一致性信度检验(Internal Consisitency Reliability)作为常用方法,用于评价测量题项的变量量表中的内部一致性指标之间产生的同质性。在所有题项指标都衡量相同构念的前提下,变量指标间的一致性越强,越会减少相应的随机误差对整个量表的影响。

在管理学研究领域中,学者们通常使用 Cronbach's α 系数来表示变量之间的内部一致性信度,并且 Cronbach's α 系数的大小直接用于判定变量间的内部一致性信度。本书沿用现有学者在研究中所通常使用的区间判定,在 Cronbach's α 系数大于 0.7 时,判定为变量间的内部一致性信度可靠性较高,在此区间外,则说明变量题项存在问题。

此外,在对量表进行信度分析时,学者们也要考虑经过调整的的题项总计相关性(Correlated Item to total Correlation ,CITC)以及变量题项被删掉后的 Cronbach's α 值。若该变量题项 CITC 较小且在被删除后量表 Cronbach's α 系数反而增大,则说明该变量题项是可以被删除的,其中,CITC 的参考标准值为 0.5。本书采用测算量表及题项的总相关系数值 CITC 和内部一致性系数 Cronbach's α 系数来检验量表的信度,Cronbach's α 系数值大于 0.7,CITC 值大于 0.35,此时调研数据具有较高的整体信度。各变量量表的信度分析如下。

表 5.1 至表 5.5 为企业社会责任、低碳创新绩效、企业声誉(网络能力声誉和交易公平声誉),以及低碳集群认知量表的信度分析。

表 5.1 为企业社会责任量表的信度分析,由分析结果可以发现,企业社会责任量表的内部一致性信度良好。Cronbach's α 系数值为 0.861,且各题项的 CITC 值均高于 0.5,对 CITC 值以及删除题项后的 Cronbach's α 系数值进行分析的结果,以及删除题项后的 Cronbach's α 系数值都小于原有 Cronbach's α 系数值,都表明了该量表具有较高的信度。

表 5.1　企业社会责任量表的信度分析

题项	CITC 值	删除题项后的 Cronbach's α 系数值	Cronbach's α 系数值
SHZR			0.816
SHZR1	0.613	0.812	
SHZR2	0.659	0.815	
SHZR3	0.611	0.811	
SHZR4	0.561	0.814	
SHZR5	0.721	0.813	
SHZR6	0.672	0.811	

数据来源:作者整理

表 5.2 为低碳创新绩效量表的信度分析,所得结果表明了低碳创新绩效量表的内部一致性信度良好。Cronbach's α 系数值为 0.866,且各题项的 CITC 值均高于 0.5,对 CITC 值以及删除题项后的 Cronbach's α 系数值进行分析的结果,以及

删除题项后的 Cronbach's α 系数值都小于原有 Cronbach's α 系数值,都表明了该量表具有较高的信度。

表 5.2 低碳创新绩效量表的信度分析

题项	CITC 值	删除题项后的 Cronbach's α 系数值	Cronbach's α 系数值
CXJX			0.866
CXJX1	0.832	0.854	
CXJX2	0.864	0.865	
CXJX3	0.799	0.858	
CXJX4	0.827	0.862	
CXJX5	0.814	0.848	
CXJX6	0.677	0.855	

数据来源:作者整理

表 5.3 为网络能力声誉量表的信度分析,由分析结果可以发现,网络能力声誉量表的内部一致性信度良好。Cronbach's α 系数值为 0.752,且各题项的 CITC 值均高于 0.5,对 CITC 值以及删除题项后的 Cronbach's α 系数值进行分析的结果,以及删除题项后的 Cronbach's α 系数值都小于原有 Cronbach's α 系数值,都表明了该量表具有较高的信度。

表 5.3 网络能力声誉量表的信度分析

题项	CITC 值	删除题项后的 Cronbach's α 系数值	Cronbach's α 系数值
WLNL			0.752
WLNL1	0.815	0.745	
WLNL2	0.768	0.726	
WLNL3	0.745	0.744	

数据来源:作者整理

表 5.4 为交易公平声誉量表的信度分析,由分析结果可以发现,交易公平声誉量表的内部一致性信度水平较高。Cronbach's α 系数值为 0.731,且各题项的

CITC 值均高于0.5,对 CITC 值以及删除题项后的 Cronbach's α 系数值进行分析的结果,以及删除题项后的 Cronbach's α 系数值都小于原有 Cronbach's α 系数值,都表明了该量表具有很高的信度。

表 5.4　交易公平声誉量表的信度分析

题项	CITC 值	删除题项后的 Cronbach's α 系数值	Cronbach's α 系数值
JYGP			0.731
JYGP1	0.687	0.725	
JYGP2	0.763	0.711	

数据来源:作者整理

表 5.5 为集群低碳认知量表的信度分析,由分析结果可以发现,集群低碳认知量表的内部一致性信度良好。Cronbach's α 系数值为 0.731,且各题项的 CITC 值均高于0.5,对 CITC 值以及删除题项后的 Cronbach's α 系数值进行分析的结果,以及删除题项后的 Cronbach's α 系数值都小于原有 Cronbach's α 系数值,都表明了该量表具有很高的信度。

表 5.5　集群低碳认知量表的信度分析

题项	CITC 值	删除题项后的 Cronbach's α 系数值	Cronbach's α 系数值
DTRZ			0.731
DTRZ1	0.613	0.722	
DTRZ2	0.659	0.716	
DTRZ3	0.611	0.729	

数据来源:作者整理

二、效度分析

国内外研究学者在相关领域的研究中,最经常使用的对于变量效度进行检验的主要方法包括内容效度、构念效度与校标效度。而在管理学相关研究领域的实证研究中,学者们将关注点集中在内容效度与构念效度两个方面对变量进行效度检验。本书选取的量表以及量表中的题项均来自国内外学者已在期刊上发表的权威研究成果。本书研究所涉及的量表参考了现有文献中使用的具有较高内容效度的成熟量表,或经成熟量表整合而来,且通过与相关专家讨论和进行小样本预测试对题项进行了小规模的修改,使其内容效度的检验结果良好。对量表进行的构念效度检验,学者们将研究重点集中在收敛效度与区分效度两个方面。本书将主要分析这两个方面的效度检验,并进一步运用验证性因子分析(CFA)进行检验。

本书采用验证性因子分析的原因在于探索性因子分析具有一定程度的局限性:其一,探索性因子分析的核心是假设变量中的所有因子在进行旋转后的结果均会影响测量题项;其二,探索性因子分析假定测量题项残差之间是相互独立的;其三,探索性因子分析强制所有的因子为独立的。

(一)收敛效度

收敛效度是使用不同的测量方法来测量相同特征变量,所得到的结果的相似程度,这里的相似指采用有差异的测量方法,但其结果在相同的特征下处于同一集合,也就是说测量相同潜在特质(构念)的测验指标会落在同一共同因素上。1981年,Fonell和Larcker明确指出,对收敛效度进行评价时,有三个关键因素需要考虑:相关构念涵盖的测量题项的因子载荷(Factor Loading)的数值需要大于0.5;平均方差析出量(Average Variance Extracter,AVE)的数值应该大于0.5;量表中测量指标的组合信度(Composite Reliability,CR)的数值要大于0.8。

本书采用结构方程模型的方法对量表中的变量进行验证性因子分析,并对量表进行关键因素的效度分析。Bollen于1989年的研究表明,在判定结构方程的稳定性与有效性时应使用多个不同类型而且稳定的适配性指标来衡量,本书所使用的结构方程模型拟合度指标及参考值见表5.6。

表5.6　结构方程模型拟合度指标及参考值

指标名称	参考值
卡方统计值/自由度(χ^2/df)	$\chi^2/\mathrm{df} \leqslant 5$；$\chi^2/\mathrm{df} \leqslant 3$ 时最佳
残差均方和平方根(RMR)	RMR$\leqslant 0.08$；RMR$\leqslant 0.05$ 时最佳
近似误差均方根(RMSEA)	RMSEA$\leqslant 0.08$；RMSEA$\leqslant 0.05$ 时最佳
拟合优度指标(GFI)	GFI$\geqslant 0.9$
调整后拟合优度指标(AGFI)	AGFI$\geqslant 0.9$

表 5.6(续)

指标名称	参考值
基准拟合优度指标(NFI)	NFI≥0.9
增值拟合优度指标(IFI)	IFI≥0.9
Tucker – Lewis 指标(TLI)	TLI≥0.9
比较拟合优度指标(CFI)	CFI≥0.9

资料来源:根据已有相关研究整理。

  本书根据表 5.6 所提供的标准,对研究样本中涉及的相关变量进行效度检验,测量变量验证性因子分析(CFA)检验结果见表 5.7。基于效度检验结果,所有变量的因子载荷数值均大于 0.5,其中,因子载荷最大值为 0.877,因子载荷最小值为 0.675,这一结果满足了研究中有关收敛效度的第一个先决条件。同时,所有变量的平均方差析出量均高于 0.5,平均方差析出量最大值为 0.783,平均方差析出量最小值为 0.669。所得到的平均方差析出量在合理范围内,满足了研究中有关收敛效度的第二个先决条件。同时,组合信度的数值大于 0.8,最大值为 0.958,最小值为 0.916。将以上关键数值结果与数值的合理范围区间进行对比,结果表明所有数值均达到收敛效度的条件。

表 5.7 测量变量验证性因子分析(CFA)检验结果

变量（因子）	题项	因子载荷	平均方差析出量(AVE)	组合信度(CR)	拟合优度指标
企业社会责任	SHZR1	0.798	0.693	0.916	$\chi^2/df = 3.163$, RMR = 0.052, RMSEA = 0.069, GFI = 0.918, AGFI = 0.904, NFI = 0.913, CIF = 0.909, IFI = 0.914, TLI = 0.956
	SHZR2	0.853			
	SHZR3	0.877			
	SHZR4	0.843			
	SHZR5	0.675			
	SHZR6	0.82			

表 5.7（续）

变量（因子）	题项	因子载荷	平均方差析出量（AVE）	组合信度（CR）	拟合优度指标
低碳创新绩效	CXJX1	0.832	0.724	0.958	$\chi^2/df = 2.981, RMR = 0.056,$ $RMSEA = 0.063, GFI = 0.905,$ $AGFI = 0.918, NFI = 0.919,$ $CIF = 0.945, IFI = 0.928,$ $TLI = 0.907$
	CXJX2	0.864			
	CXJX3	0.799			
	CXJX4	0.827			
	CXJX5	0.814			
	CXJX6	0.677			
网络能力声誉	WLNL1	0.767	0.783	0.919	$\chi2/df = 3.915, RMR = 0.072,$ $RMSEA = 0.056, GFI = 0.917$ $AGFI = 0.926, NFI = 0.902,$ $CIF = 0.908, IFI = 0.908,$ $TLI = 0.927$
	WLNL2	0.732			
	WLNL3	0.847			
交易公平声誉	JYGP1	0.735	0.669	0.922	$\chi2/df = 3.619, RMR = 0.051,$ $RMSEA = 0.043, GFI = 0.932,$ $AGFI = 0.940, NFI = 0.951,$ $CIF = 0.956, IFI = 0.956,$ $TLI = 0.926$
	JYGP2	0.813			
集群低碳认知	DTRZ1	0.847	0.681	0.956	$\chi2/df = 2.661, RMR = 0.052,$ $RMSEA = 0.063, GFI = 0.926,$ $AGFI = 0.918, NFI = 0.945,$ $CIF = 0.929, IFI = 0.948,$ $TLI = 0.909$
	DTRZ2	0.796			
	DTRZ3	0.766			

注：因子载荷量均保持在 $p < 0.001$ 水平上显著

数据来源：作者整理

  国内外学者对区分效度的理解可以总结为：采用有差异的方法分析测量不同的构念，所得到的观测数值是具有区分度的。在测量两个构念时，区分效度用于检验二者之间所存在的较大的相关性。

  在管理学研究领域中，国内外学者们对区分效度进行的检验重点通常涵盖两个方面：其一，测量变量间的相关系数要大于 0.85，若测量变量间的相关系数大于 0.85，则判定测量变量间存在一定的区分效度；其二，衡量与对比测量变量间的平均方差析出量的平方根，以及测量变量间的相关系数的绝对值的大小，若测量变量间的平均方差析出量的平方根大于测量变量间的相关系数的绝对值,那么,可以认为测量变量间具有一定的区分效度。

若测量变量的统计分析结果同时满足上文提到的两个判定标准,则认为测量变量间具有较好的区分效度。表5.8中结果表明了对本研究测量变量的区分效度的检验结果是符合判定标准的。表5.8中对角线括号中的数值是测量变量的平均方差析出量(AVE)的平方根,其余数值是测量变量间的相关系数。通过表5.8中的数值可以分析得到结果,即测量变量间的相关系数均小于0.85,并且AVE的平方根均大于测量变量间的相关系数的绝对值。因此,本研究测量变量间的区分效度较高。

表5.8　测量变量区分效度结果

	SHZR	CXJX	MLNL	JYGP	DTRZ
SHZR	(0.813)				
CXJX	0.237**	(0.865)			
WLNL	0.246**	0.315**	(0.824)		
JYGP	0.421**	0.234**	0.206**	(0.853)	
DTRZ	0.546**	0.391**	0.322**	0.368**	(0.831)

注:** 表示在0.01水平上(双侧)显著

数据来源:作者整理

第二节　描述性统计与相关分析

通过对上文研究方法、研究理论框架与假设的提出,笔者在进行制造企业社会责任对低碳创新绩效影响的实证分析之前,对相关假设命题采取描述性统计检验。在实现对测量的变量进行了初步分析后,在了解相关测量变量的基本分布特征的基础上,对所涉及到的测量变量之间的相关关系进行分析与检验。在上文所设定的理论假设命题中,有必要进行描述性统计与相关关系分析的测量变量包括因变量、自变量、中介变量、调节变量以及控制变量。

本书针对制造企业社会责任与低碳创新绩效之间所涉及到的因变量、中介变量以及调节变量分别选取多个题项,进而形成了测量量表进一步描述,通过以效果为主的指标进行衡量,变量中的每一个题项,是其对每一个构念的语义描述。在各变量的效果指标获取相关构念的数值时,一般采用两种传统上都可以接受的、通用的方法,其一是求平均值得方法;其二是求取指标公因子的因子得分的方法。因此,本研究所采用的研究方法是对所要测量的变量中各个题项得分进行求和平均值,作为变量的数值进行进一步的分析。

本书对于控制变量的分析,主要采用赋值、虚拟化处理,研究中聚焦企业合作创新的控制变量选取原则,其中企业规模(GM)采用正式员工的自然对数值代表;企业成立年限(NX)采用年限的自然对数值表示;企业所有制类别(LB)用自然数0和1进行区分,0表示非国有控股企业、1表示国有或有控股企业;采用李克特5分量表表示被试受教育程度(JY),1分代表专科以下学历、2分代表大专学历、3分代表大学本科学历、4分代表硕士研究生学历、5分代表博士研究生学历;被试年龄(NL)也采用5分制,1分代表25周岁及以下、2分代表(25~35)周岁、3分代表(35~45)周岁、4分代表(45~55)周岁、5分代表55周岁以上。

由表5.9可知,三个控制变量与低碳创新绩效都呈现显著的相关关系;自变量企业社会责任以及中介变量与低碳创新绩效也均呈现显著相关关系,而且自变量企业社会责任与中介变量企业声誉也呈现显著的相关关系,这与本书的假设相吻合。此外,调节变量、中介变量、自变量与创新绩效均存在显著相关关系,而这也与本书的假设相吻合,各测量变量间的相关系数均小于0.6,总体状况较好,符合下一步开展回归分析的条件。

表 5.9　Pearson 相关系数

	CXJX	SHZR	WLNL	JYGP	DTRZ
CXJX	1	0.154*	0.243**	0.464***	0.312**
SHZR	0.154*	1	0.187*	0.132*	0.389**
WLNL	0.243**	0.187*	1	0.379**	0.401**
JYGP	0.464**	0.132*	0.379**	1	0.361***
DTRZ	0.312**	0.389**	0.401**	0.361***	1

注:*表示 $p < 0.05$ 水平上显著,**表示 $p < 0.01$ 水平上显著,***表示 $p < 0.001$ 水平上显著

数据来源:作者整理

采用软件对前文提出的研究假设和研究模型进行统计分析,根据回归分析的检验步骤,首先计算企业社会责任与低碳创新绩效各个变量的相关系数,各变量间的相关系数及在对应概率上的显著性水平如上表所示,可见假设中所提及的具有

直接效应和中介效应的变量间均具有较为显著的简单相关关系,为下一步进行回归分析提供基础。

基于上文的文献综述,本书采用 SPSS20.0 对框架中的假设命题进行了分析检验。针对制造企业社会责任与低碳创新绩效的关系检验,本书采用层级回归分析(Hierarical Regression Analysis)方法对前文提出的假设进行检验;对于中介变量企业声誉的检验,本书采用 1986 年 Baron 和 Kenny 所提出的分步法来进行分析与检验,并采用 Sobel 检验以及 Bootstrap 方法进行结果分析;同时,对于调节变量的检验,采用层级回归分析来检验调节效应,而在针对部分中介的调节效应以及有调节的部分中介效应进行分析时,本书则选择了 2013 年 Hayes 所给出的 PROCESS 宏命令 Bootstrap 方法进行分析。

第三节　企业社会责任对低碳创新绩效的直接作用检验

本书使用层级回归分析(Hierarical Regression Analysis)方法,对制造企业社会责任与创新绩效之间的关系进行检验,HRA 方法是一种通过逐步将解释变量引入到回归方程中,逐步完善研究模型的强迫进入回归方法,对于后面的模型来说,前一模型的解释变量作为后一模型的控制变量,通过比较两模型 R^2 值大小,用来验证在其它解释变量对因变量方差的影响作用被控制的前提下新解释变量对因变量方差的贡献。

在进行假设检验的层级回归分析中,如表 5.10 所示,模型 1 将控制变量企业规模(GM)、企业成立年限(NX)、企业所有制类别(LB)、被试的受教育程度(JY)和被试年龄(NL)5 个变量引入回归模型,与因变量低碳创新绩效(CXJX)构成,验证控制变量对因变量的作用效果,模型 2 是在模型 1 的基础上引入了企业社会责任(SHZR)。从结果可以看出,五个控制变量对低碳创新绩效的影响均不显著;模型 2 是在模型 1 的基础上加入了自变量企业社会责任,探讨企业社会责任对低碳创新绩效的直接作用效果,在回归分析中,所构建的各模型的 $F(sig) = 0.000 < 0.05$,说明了模型的总体是有效的。从表中的回归数据可以表明,各模型的 VIF 值均小于 5,且 DW 均在 2 的附近,表明各模型不具有严重的多重共线性,且个模型没有序列自相关误差项的存在。模型 2 的数据表明企业社会责任与低碳创新绩效存在显著的影响($\beta = 0.375^{**}$;$p < 0.01$),且具有显著的概率显著性水平,而且 $AdjR^2$ 显著增加了 0.214,说明模型的拟合度有所提升。综上所述,从统计分析的结果表明企业社会责任与低碳创新绩效提升存在着显著的正向促进作用,假设 H1 检验成立。

表 5.10　直接作用检验

变量		因变量	
		低碳创新绩效(CXJX)	
		Model 1	Model 2
控制变量	企业规模(GM)	0.046	0.033
	企业成立年限(NX)	0.044	0.041
	企业所有制类别(LB)	0.081	0.061
	被试者教育背景(JY)	0.092	0.095
	被试者年龄(NL)	0.075	0.042
自变量	企业社会责任(SHZR)		0.375**
回归结果	R^2	0.026	0.240
	$AdjR^2$	0	0.214
	F	2.702*	6.835*
	VIF	均<5	
	DW	DW 值均在 2 附近	

注: * 表示 $p < 0.05$ 水平上显著, * * 表示 $p < 0.01$ 水平上显著, * * * 表示 $p < 0.001$ 水平上显著

R^2——可解释方差判定系数;AdjR2——校正后的可解释方差判定系数;

F——显著性检验;VIF——方差膨胀因子;DW——样本独立性;

数据来源:作者整理

第四节　企业声誉的中介作用检验

对中介变量企业声誉的中介效应检验,本书采用 Baron 和 Kenny 所提出的逐步法和 Bootstrap 方法来进行验证。现有学者在研究中指出 Baron 和 Kenny 的逐步法存在一些缺陷,但它与 Bootstrap 方法和 Sobel 检验方法之间可以说是都存在利弊,同时,如果 Baron 和 Kenny 的逐步法分析所得到的结果具有显著性的话,其检

验的效果也许会优于 Bootstrap 方法,因此,多数学者认为盲目选择检验方法是不可取的。在现有的研究中多数学者会使用 Baron 和 Kenny 的逐步法进行中介效果的检验。在综合分析了现有研究学者的观点,本书将采用 Baron 和 Kenny 的逐步法首先对中介效应进行检验,进而在使用 Sobel 检验方法以及 Bootstrap 方法进行分析,为了进一步确定中介效应的存在。

依据 Baron 和 Kenny 在研究中提出的观点,中介效应检验方法需满足如下三方面:(1)自变量与因变量之间存在显著相关关系,并且中介变量与因变量也存在显著相关关系。(2)将中介变量当做因变量,并与自变量进行回归分析,经过验证体现了两者存在显著相关关系。(3)假如在自变量和因变量的作用模型中加入中介变量时,自变量对因变量的作用效果产生变化。若两者作用效果有所减弱但依然显著,则产生部分中介作用,若两者因此变得不再显著,则为完全中介效应。

因此,本书首先以低碳创新绩效为因变量,将自变量企业社会责任引入回归模型中,检验其回归系数是否显著;其次,将企业网络能力声誉和企业交易公平声誉作为因变量,检验企业社会责任的作用效果;再次,检验中介变量企业网络能力声誉和企业交易公平声誉对低碳创新绩效的影响;最后,分别将企业网络能力声誉和企业交易公平声誉加入到企业社会责任对于低碳创新绩效作用的回归模型中,从而通过检验结果的数据进行比较,确定其中介作用的存在。

为了中介作用的检验结果较为良好,本书将变量间的中介作用的检验,运用Bootstrap 方法进行了实证检验,同时,也给出了 Sobel 检验方法的结果。本书使用 Preach 和 Hayes 两人共同开发的 SPSS 宏命令,来运行 Bootstrap 方法的检验步骤,该 SPSS 宏命令可以提供一个 Bootstrap 方法对于中介作用的置信区间。

通过对中介变量的检验结果如下表 5.11 和表 5.12 所示,本书分别以企业网络声誉和企业交易公平声誉为中介变量,分别进行了中介效应的逐步法回归分析。

如表 5.11 所示,模型 1、模型 2 是以企业网络能力声誉为因变量的回归模型,而模型 3 至模型 6 则是以低碳创新绩效为因变量的回归模型。模型 1 将控制变量企业规模(GM)、企业成立年限(NX)、企业所有制类别(LB)、被试的受教育程度(JY)和被试年龄(NL)5 个变量引入回归模型,与因变量企业网络能力声誉(WLNL)构成,验证控制变量对因变量的作用效果,从结果可以看出,五个控制变量对低碳创新绩效的影响均不显著。模型 2 中,将企业社会责任加入到回归模型中,从模型 1 到模型 2 的 $AdjR^2 > 0$,因此说明模型的拟合度较好,且企业社会责任的回归系数显著为正($\beta = 0.341^{***}, p < 0.001$),表明企业社会责任与企业网络声誉存在显著正相关关系,假设 H2a 验证成立。

表 5.11　回归分析结果(企业网络声誉)

		中介变量		因变量			
		企业网络声誉(WLSY)		低碳创新绩效(CXJX)			
		Model 1	Model 2	Model 3	Model 4	Model 5	Model 6
控制变量	企业规模(GM)	0.045	0.038	0.046	0.033	0.054	0.034
	企业成立年限(NX)	0.032	0.042	0.044	0.041	0.048	0.031
	企业所有制类别(LB)	0.071	0.085	0.081	0.061	0.032	0.069
	被试者教育背景(JY)	0.086	0.057	0.092	0.095	0.099	0.076
	被试者年龄(NL)	0.035	0.032	0.075	0.042	0.061	0.065
自变量	企业社会责任(SHZR)		0.341***		0.375**		0.279**
中介变量	企业网络能力声誉(WLNL)					0.537***	0.591***
回归结果	R^2	0.147	0.476	0.026	0.240	0.245	0.323
	$AdjR^2$	0.000	0.329	0.000	0.214	0.219	0.297
	F	3.932***	8.176***	2.702*	6.835*	7.641**	8.141**
	VIF	均<5					
	DW	DW 值均在 2 附近					

注:* 表示 $p < 0.05$ 水平上显著,** 表示 $p < 0.01$ 水平上显著,*** 表示 $p < 0.001$ 水平上显著

数据来源:作者整理

模型 3 中,是控制变量对因变量低碳创新绩效的影响,将控制变量企业规模(GM)、企业成立年限(NX)、企业所有制类别(LB)、被试的受教育程度(JY)和被试年龄(NL)5 个变量引入回归模型,与因变量低碳创新绩效(CXJX)构成,验证控制变量对因变量的作用效果,从结果可以看出,五个控制变量对低碳创新绩效的影响均不显著。模型 4 中,将自变量企业社会责任引入回归模型,企业社会责任的回归系数显著为正($\beta = 0.375**$,$p < 0.01$),且模型的 $AdjR^2 > 0$,进而满足了Bootstrap方法的必要条件。

模型 5 中，将企业网络能力声誉引入回归模型中，企业网络能力声誉的回归系数显著为正($\beta = 0.537^{***}$，$p < 0.001$)，且模型 $\mathrm{Adj}R^2$ 显示出模型的拟合度有所提升，该结果不仅支持了本书的假设的 H3 a，还满足了 Bootstrap 方法的必要条件。模型 6 中，将企业社会责任与企业网络能力声誉引入回归模型中，企业社会责任的回归系数显著($\beta = 0.279^{**}$，$p < 0.01$)，且企业网络能力声誉的回归系数也是显著的($\beta = 0.591^{***}$，$p < 0.001$)，而且企业社会责任的回归系数显著降低，证明企业网络能力存在着显著的中介作用。

根据以上数据，更进一步分析，通过 Baron 和 Kenny 的研究指出，如果在回归分析中加进了中介变量企业声誉后，自变量的回归系数显著降低，可认为产生了部分中介作用；而如果系数变得不再显著，则为完全中介效应。同时，根据 Jose 的研究显示，如果间接效应与总效应的比率大于 0.8，则可以认为是产生了完全中介作用，反之为部分中介作用。经过计算，企业网络能力声誉在企业社会责任与低碳创新绩效关系中的效应比率为 0.651。因此，本书认为，企业网络能力声誉在企业社会责任与低碳创新绩效关系中起到了部分中介作用，同时，假设 H4 a 验证成立。

由表 5.12，模型 1、模型 2 是以企业交易公平声誉为因变量的回归模型，而模型 3 至模型 6 则是以低碳创新绩效为因变量的回归模型。

表 5.12　回归分析结果(企业交易公平声誉)

		中介变量		因变量			
		企业交易公平声誉 (WLSY)		低碳创新绩效(CXJX)			
		Model 1	Model 2	Model 3	Model 4	Model 5	Model 6
控制变量	企业规模(GM)	0.047	0.042	0.046	0.033	0.029	0.036
	成立年限(NX)	0.045	0.061	0.044	0.041	0.02	0.031
	企业类别(LB)	0.081	0.084	0.081	0.061	0.054	0.069
	受教育程度(JY)	0.091	0.067	0.092	0.095	0.063	0.076
	被试年龄(NL)	0.074	0.056	0.075	0.042	0.051	0.065
自变量	企业社会责任 (SHZR)		0.154**		0.375**		0.261**
中介变量	企业交易公平声誉(WLNL)					0.521***	0.459***

表 5.12(续)

回归结果		中介变量		因变量			
		企业交易公平声誉（WLSY）		低碳创新绩效（CXJX）			
		Model 1	Model 2	Model 3	Model 4	Model 5	Model 6
	R^2	0.027	0.247	0.026	0.240	0.241	0.499
	ΔR^2	0.000	0.162	0.000	0.156	0.184	0.172
	F	2.701*	7.265**	2.702*	6.835*	8.141**	7.975*
	VIF	均<5					
	DW	DW 值均在 2 附近					

注:* 表示 $p < 0.05$ 水平上显著,** 表示 $p < 0.01$ 水平上显著,*** 表示 $p < 0.001$ 水平上显著

数据来源:作者整理

模型 1 将控制变量企业规模(GM)、企业成立年限(NX)、企业所有制类别(LB)、被试的受教育程度(JY)和被试年龄(NL)5 个变量引入回归模型,与因变量企业交易公平声誉(JYGP)构成,验证控制变量对因变量的作用效果。

模型 2 中,将企业社会责任加入到回归模型中,从模型 1 到模型 2 的 $\mathrm{Adj}R^2 > 0$,因此说明模型的拟合度较好,且企业社会责任的回归系数显著为正($\beta = 0.154^{**}, p < 0.01$),假设 H2 b 验证成立。

模型 3 中,是控制变量对因变量低碳创新绩效的影响,将控制变量企业规模(GM)、企业成立年限(NX)、企业所有制类别(LB)、被试的受教育程度(JY)和被试年龄(NL)5 个变量引入回归模型,与因变量低碳创新绩效(CXJX)构成,验证控制变量对因变量的作用效果。

模型 4 中,将自变量企业社会责任引入回归模型,企业社会责任的回归系数显著为正($\beta = 0.375^{**}, p < 0.01$),且模型的 $\Delta R^2 > 0$,进而满足了 Bootstrap 方法的必要条件。

模型 5 中,将企业交易公平声誉引入回归模型中,企业交易公平声誉的回归系数显著为正($\beta = 0.521^{***}, p < 0.001$),且模型 ΔR^2 显示出模型的拟合度有所提升,该结果不仅支持了本书的假设的 H3 b,还满足了 Bootstrap 方法的必要条件。

模型 6 中,将企业社会责任与企业交易公平声誉引入回归模型中,企业社会责任的回归系数显著($\beta = 0.261^{**}, p < 0.01$),且企业交易公平声誉的回归系数也是显著的($\beta = 0.459^{***}, p < 0.001$),而且企业社会责任的回归系数显著降低,证明企业交易公平声誉存在着显著的中介作用。

根据以上数据,更进一步分析,通过 Baron 和 Kenny 的研究指出,如果在回归分析中加进了中介变量后,自变量的回归系数显著降低,可认为产生了部分中介作用;而如果系数变得不再显著,则为完全中介效应。同时,根据 Jose 的研究显示,如果间接效应与总效应的比率大于 0.8,则可以认为是产生了完全中介作用,反之为部分中介作用。经过计算,企业网络能力声誉在企业社会责任与低碳创新绩效关系中的效应比率为 0.591。

因此,本书认为,企业网络能力声誉在企业社会责任与低碳创新绩效关系中起到了部分中介作用,同时,假设 H4 b 验证成立。

此外,对于在回归分析中,所构建的各模型的 $F(sig) = 0.000 < 0.05$,说明了模型的总体是有效的,从表中的回归数据可以表明,各模型的 VIF 值均小于 5,且 DW 均在 2 的附近,表明各模型不具有严重的多重共线性,且个模型没有序列自相关误差项的存在。

此外,在分别对制造企业社会责任与企业声誉,以及企业声誉和低碳创新绩效的假设进行检验时,发现制造企业社会责任与中介变量网络能力声誉和交易公平声誉的回归标准系数分别为($\beta = 0.341^{***}$, $p < 0.001$)和($\beta = 0.154^{**}$, $p < 0.01$),假设 2(包括 2 a 和 2 b)得到验证,说明制造企业社会责任对网络能力声誉有显著提升作用,同时也对交易公平声誉有显著提升作用。

但相比之下对网络能力声誉的提升作用更强,该结果符合现实情况。因为在低碳情境的实际发展中,制造企业通过向利益相关者披露本企业低碳发展的情况更能够获得相关利益者的信任,更有利于与关系网络中的其他主体建立和维持和谐关系。而网络能力声誉和低碳创新绩效间的回归标准化系数为($\beta = 0.591^{***}$, $p < 0.001$),交易公平声誉和低碳创新绩效之间的回归标准化系数为($\beta = 0.459^{***}$, $p < 0.001$),假设 3(包括 H3 a 和 H3 b)得到验证,说明良好的网络能力声誉和交易公平声誉均有助于提升制造企业低碳创新绩效,且相比之下网络能力声誉对低碳创新绩效的提升作用更为显著。

在假设得到了验证的同时,为了更进一步的使得中介效应检验结果更具说服力,温忠麟等学者们建议将 Baron 和 Kenny 的逐步法与 Bootstrap 方法和 Sobel 检验方法相结合,进而提高中介作用的检验结果的说服力。因此,除了上文中,运用回归模型对中介变量进了检验外,下文还要对企业网络能力声誉和企业交易公平声誉的中介作用分别进行 Bootstrap 方法和 Sobel 检验方法的分析。

Sobel 检验方法的检验标准为 Z 统计量的值是否具有显著性,若 Z 的值具有显著性,则认为中介作用存在,反之,认为中介作用不显著;而 Bootstrap 方法是对 Sobel 检验方法的有力补充,原因在于,Sobel 检验方法通常都要求 Z 统计量要符合正态分布,而结果是并不是所有都能达到这一要求。

因此,Bootstrap 方法就适当的弥补了这个缺陷。详细的分析数据见下表,对于

Sobel 检验方法而言,结果显示出企业网络能力声誉在企业社会责任对低碳创新绩效的影响关系中起到了显著的中介作用($Z = 6.918, p < 0.001$),且 Bootstrap 方法分析结果数据显示,结果与前者的检验结果一直,95% 水平上的置信区间为$(0.092, 0.142)$不包含 0,证明了企业网络能力声誉这一变量的中介作用是存在的。

企业交易公平声誉在企业社会责任对低碳创新绩效的影响关系中的所起到的作用,与企业网络能力声誉的检验结果相似,Sobel 检验方法检验结果显著($Z = 8.429, p < 0.001$),且 Bootstrap 方法分析结果数据置信区间为$(0.080, 0.166)$,同样不包含 0。通过对上述结果的进一步分析,更加明确了企业网络能力声誉和企业交易公平声誉在企业社会责任对低碳创新绩效的影响过程中起到了显著的中介作用。

表 5.13　Sobel 检验

	间接效应	标准误	Z 统计量	P 值
企业网络能力声誉(WLNL)	0.121	0.015	6.918	0.000
企业交易公平声誉(JYGP)	0.103	0.013	8.429	0.000

由以上分析可知,制造企业社会责任对低碳创新绩效有显著提升作用。由网络能力声誉和交易公平声誉构成的企业声誉在制造企业社会责任与低碳创新绩效之间起到部分中介作用,其中网络能力声誉的中介效应更强。这与前文假设情况相符。

表 5.14　Bootstrap 检验

	间接效应	BootSE	BootLLCI	BootULCI
企业网络能力声誉(WLNL)	0.121	0.018	0.092	0.142
企业交易公平声誉(JYGP)	0.103	0.016	0.080	0.166

注:Bootstrap = 5 000,置信区间 = 95%

数据来源:作者整理

制造企业社会责任越强,利益相关者越容易与企业建立稳健的合作关系,对容易促进企业低碳创新绩效的提升。同时,制造企业社会责任越强,向利益相关者披露的相关信息则越与实际相符,有助于与各方面利益相关者建立良好的关系,企业的网络能力声誉及交易公平声誉则会得到提高,在此基础上,企业声誉的提高则会为制造企业在关系网络和产业集群中形成良好的口碑效应,对企业低碳创新绩效的提升作用越强。

第五节　集群低碳认知的调节作用检验

对于调节变量的调节作用检验,本书采取层级回归分析的方法来进行检验,由于本书的调节变量的数据是通过问卷调查的形式获取的,因此,借鉴管理学中学者们的通常研究思路,将集群低碳认知的测量变量视为连续变量。检验集群低碳认知的调节作用需要考虑调节变量的数据获取类型。其一,如果调节变量与自变量的变量数据类型都是连续变量,那么其检验方法则是将自变量与调节变量的均值中心化,进而构造二者的乘积项加入到回归模型中,用于检验其系数是否显著。其二,如果调节变量是类别变量,而自变量是连续变量,则一般处理方式有两种,一种是分组回归,进而检验组间系数存在的差异是否显著,通过此来判断调节作用是否显著;一种是将调节变量虚拟化后重新视为连续变量,进而按照连续变量的方法来处理。

由于本书的自变量与调节变量均可视为是连续变量,因此,笔者运用变量均值中心化后,所构造的乘积项这一方法来检验调节作用。先后将控制变量企业规模(GM)、企业成立年限(NX)、企业所有制类别(LB)、被试的受教育程度(JY)和被试年龄(NL)5个变量,自变量企业社会责任、调节变量集群低碳认知、乘积交互项依次引入回归模型,进而观察交互项的系数是否显著,并判断调节作用的存在。

如表5.15所示,中介变量为企业网络能力声誉,所检验的调节变量的调节作用检验。模型1至模型4是以企业社会责任为自变量,企业网络能力声誉为因变量的层次回归分析模型。经过引入控制变量、自变量、调节变量以及交互项依次引入回归方程中,交互项的回归系数分析结果为0.038,其中,集群低碳认知与企业社会责任的交互项系数在$p < 0.001$水平上显著,从模型拟合度来看,交互项模型的$AdjR^2$为0.026模型的拟合度增加显著。

表5.15　回归分析结果

		因变量			
		企业网络能力声誉(WLNL)			
		Model 1	Model 2	Model 3	Model 4
控制变量	GM	0.045	0.038	0.05	0.049
	NX	0.032	0.042	0.069	0.071
	LB	0.071	0.085	0.029	0.014
	JY	0.086	0.057	0.013	0.016
	NL	0.035	0.032	0.096	0.099

表 5.15（续）

		因变量			
		企业网络能力声誉（WLNL）			
		Model 1	Model 2	Model 3	Model 4
自变量	SHZR			0.107***	0.123***
调节变量	DTRZ		0.154***	0.232***	0.238***
交互项	SHZR × DTRZ				0.038***
回归结果	R^2	0.147	0.476	0.598	0.624
	$AdjR^2$	0	0.319	0.087	0.026
	F	3.932***	8.176***	9.743***	11.841**
	VIF	VIF 均小于 5			
	D－W	D－W 值均在 2 附近			

注：* 表示 $p < 0.05$ 水平上显著，** 表示 $p < 0.01$ 水平上显著，*** 表示 $p < 0.001$ 水平上显著

数据来源：作者整理

综合表 5.15 中的回归分析结果表明，集群低碳认知在企业社会责任与企业网络能力声誉之间起到了正向的显著调节作用。因此，假设 H5 a 验证成立。

由表 5.16，中介变量为企业交易公平声誉，所检验的调节变量的调节作用检验。模型 1 – 模型 4 是以企业社会责任为自变量，企业交易公平声誉为因变量的层次回归分析模型，经过引入控制变量、自变量、调节变量以及交互项依次引入回归方程中，交互项的回归系数分析结果为 0.045。其中，集群低碳认知与企业社会责任的交互项系数在 $p < 0.01$ 水平上显著，综合表 5.16 中的回归分析结果表明，集群低碳认知在企业社会责任与企业交易公平声誉之间起到了正向的显著调节作用。因此，假设 H5 b 验证成立。

表 5.16　回归分析结果

		因变量			
		企业交易公平声誉（JYGP）			
		Model 1	Model 2	Model 3	Model 4
控制变量	GM	0.047	0.042	0.035	0.035
	NX	0.045	0.061	0.072	0.061
	LB	0.081	0.084	0.014	0.085
	JY	0.091	0.067	0.063	0.122
	NL	0.074	0.056	0.176	0.099
自变量	SHZR			0.164***	0.241***
调节变量	DTRZ		0.341**	0.247**	0.266***
交互项	SHZR × DTRZ				0.045**
回归结果	R^2	0.027	0.247	0.309	0.623
	$AdjR^2$	0	0.162	0.161	0.025
	F	2.701*	7.265**	12.841**	19.840**
	VIF	VIF 均小于 5			
	DW	DW 值均在 2 附近			

注：* 表示 $p < 0.05$ 水平上显著，** 表示 $p < 0.01$ 水平上显著，*** 表示 $p < 0.001$ 水平上显著

数据来源：作者整理

如表 5.17 所示，模型 1 反映了控制变量企业规模、成立年限和企业类别对制造企业低碳创新绩效的影响，从结果可以看出，三个控制变量对低碳创新绩效的影响均不显著。在模型 1 的基础上加入调节变量集群低碳认知，回归结果显示集群低碳认知对低碳创新绩效在 0.001 水平下有显著正向影响，说明集群低碳认知对制造企业低碳创新绩效有显著提高作用。在模型 2 的基础上加入自变量企业社会责任，探索模型 3 中自变量企业社会责任和调节变量集群低碳认知对低碳创新绩效的共同影响，结果显示二者对低碳创新绩效的影响均在 0.001 水平下显著。在模型 3 的基础上加入自变量企业社会责任与调节变量的交互项，结果发现交互项对低碳创新绩效的影响在 0.01 水平下显著，即集群低碳认知作为调节变量对企业社会责任与低碳创新绩效的调节作用成立，假设 6 得到验证。

表 5.17　回归分析结果

		因变量			
		低碳创新绩效（CXJX）			
		Model 1	Model 2	Model 3	Model 4
控制变量	GM	0.046	0.054	0.024	0.034
	NX	0.044	0.048	0.058	0.031
	LB	0.081	0.032	0.072	0.069
	JY	0.092	0.099	0.079	0.076
	NL	0.075	0.061	0.031	0.065
自变量	SHZR			0.331***	0.591***
调节变量	DTRZ		0.537***	0.216***	0.279***
交互项	SHZR × DTRZ				0.319**
回归结果	R^2	0.026	0.245	0.597	0.564
	$AdjR^2$	0	0.167	0.193	0.042
	F	2.702*	7.641**	5.111***	12.721**
	VIF	VIF 均小于 5			
	DW	DW 值均在 2 附近			

注：* 表示 $p < 0.05$ 水平上显著，** 表示 $p < 0.01$ 水平上显著，*** 表示 $p < 0.001$ 水平上显著

　　为了进一步显示集群低碳认知调节作用的模式,本书依据王启亮等人的研究采取简单效率分析法进行分析。首先,将样本数据按照高于集群低碳认知的中位数与低于集群低碳认知的中位数分为两组,对两组子样本数据进行回归分析,见表5.17,同时得出的调节效应如图5.1所示。观察可知,当集群低碳认知比较高的情况下,制造企业社会责任对低碳创新绩效的影响比在集群认知比较低的情况下要强。这与假设的情况相符。当集群低碳认知较高时,制造企业的上下游企业、竞争企业以及消费者对低碳工艺和低碳产品的认知都处于较高水平,此时上下游企业更倾向于寻找实行低碳创新的合作伙伴,消费者更倾向于购买低碳产品,行业内的竞争环境也同样倾向于"低碳化",此时制造企业通过向利益相关者披露低碳创新发展的信息更有助于促进与集群中其他主体之间建立稳固的联系,形成和谐稳健的关系网,对企业低碳创新绩效的提升作用则会更强。

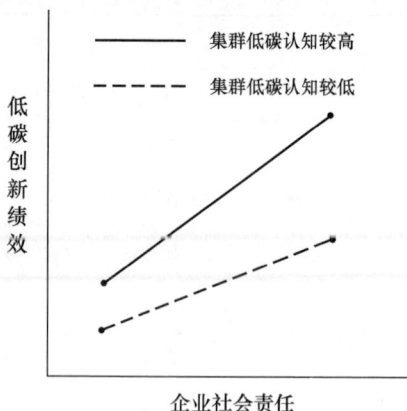

图5.1　集群低碳认知对企业社会责任与低碳创新绩效间关系的调节效应

第六节　有调节的中介作用检验

有调节的中介作用可以认为是自变量对因变量的中介作用受到了另外一个变量的影响，更进一步的分析，表明了有调节的中介作用包括两种类型，其一是产生在自变量与中介变量间的，它是检验调节变量对自变量与中介变量之间关系的，有些学者将这一个过程称为被中介的调节作用，也有些学者将这一过程称之为第一阶段调节作用。其二是产生在检验调节变量对中介变量与因变量之间关系的影响，分析在调节过程中，是否有提升或是下降了中介变量对于因变量的作用，学者们将其称为被调节的中介作用或是第二阶段的调节作用。针对本书所研究的主题，上文假设中提到了集群低碳认知正向调节了自变量与中介变量的关系，也就是说，集群低碳认知正向调节了自变量 与因变量的正向关系。

针对有调节的中介作用检验，本书借鉴了 Hayes 提出的 SPSS 中的 Process 宏命令来进行检验。它是在基于 SPSS 和 SAS 的中介和调节效应分析程序基础上开发的插件 Process，并得到了越来越多人的应用，此方法的主要优点主要有以下几方面。

第一，中介效应分析一步到位。在 Process 之前，中介效应分析要分布进行，一般分为三步。首先，检验总效应，即自变量 X 对因变量 Y 的总效应。但有学者已证明这一步是没有必要的甚至是错误的步骤，总效应存在与否，不是中介效应的必要条件。因此，先前支持中介效应的三步法的一些学者后来做了些修正，不在把检验总效应作为前提条件，也就是三步法实际上变成了两步法。

除此之外，结构方程模型的思路再次证明，第一步检验总效应的做法完全没有必要。Hayes 显然早已发现了这类问题,因此,Process 插件做的就是两步而不是三步法。Process 直接将这两步整合起来,得到一个总的结果,不需要分两步设置和分析,这就大大简化了步骤,结果呈现更全面。但值得一体的是,Process 虽然两步整合在一起,但其结果也是分布呈现,因而,非常方便在本书撰写中的整理成规范的表格结果。

第二,调节效应分析前的数据处理自动化。在 Process 运行结果出来之前,调节效应的分析要经过两个重要环节——变量中心化和构建交互项,虽然这两步的操作不难,但有时候容易被忽视或者计算出错。Process 提供了均值中心化之后的交互项设置,可以自动完成,因此更为准确高效。

第三,中介效应的 Bootstrap 和 Sobel 检验可以自动处理。在 Process 开发之前,中介效应的 Bootstrap 需要特别设置,Sobel 检验需要手工计算,而 Process 则可以直接自动化完成,并直接得到中介效应值,并直接得到中介效应值 Sobel 检验值 Z 和显著性水平(基于理论正态分布)。

第四,可以处理带有控制变量的中介、调节效应模型。在中介效应和调节效应分析中,尤其是调节效应分析中,经常需要对控制变量进行控制,Process 对此也有专门的设置,在协变量中处理即可。

第五,处理多变量中介、调节效应更方便。例如,多重中介效应、有中介的调应、有调节的中介效应等。例如,通常 SPSS 分析不能提供多重中介模型的各个具体路径、各个中介变量单独的中介效应检验。例如,中介效应值及其置信区间和显著性水平等,而 Process 则可以提供这些结果。

综合以上对方法的分析,本书使用 Process 宏命令所使用的估计方法为 Bootstrap法,对于有调节的中介作用检验将会得出具体的置信区间,通常默认的置信水平为95%。Hayes 在研究中展示了检验有调节的中介作用对应的基本模型,而与本书所对应的模型是模型7、模型14、模型58。模型7 所对应的是包含一个调节变量的第一类有调节的中介作用;模型14 所对应包含的是一个有调节变量的第二类有调节的中介作用;而模型58 是对应的包含一个调节变量并同时检验第一类和第二类有调节的中介作用。

因此,本书在研究时采用上述三个模型来检验集群低碳认知在企业社会责任为自变量的中介作用中的调节作用,进而对实证结果进行检验。见表5.18、表5.19,表中数据是有调节的中介作用的检验结果,其中,表5.18 是检验企业网络能力声誉为中介变量时,集群低碳认知的有调节的中介作用检验结果,而表5.19是检验企业交易公平声誉为中介变量时,集群低碳认知的有调节的中介作用检验结果。

表5.18 中分别给出了对应于 Process 中模型7 和模型14 的第一类有调节的中介作用以及第二类有调节的中介作用,从表中可以获取两类调节作用的置信区间

分别为[0.012,0.019]和[0.005,0.042]，可以看出两个置信区间均没有包含0在内。

表5.18　适度调节指数

自变量	中介变量	模型	INDEX	BOOTSE	BOOTLLCI	BOOTULCI
SHZR	WLNL	Model7	0.035	0.009	0.012	0.019
		Model14	0.029	0.004	0.005	0.042

注:Bootstrapping = 5 000,置信区间 = 95%

接下来,在表5.19运用了Process模型58的分析结果中,用集群低碳认知均值加减一个标准差来表示具有集群低碳认知程度较高与集群低碳认知程度较低,根据检验结果可以分析得出,企业社会责任到低碳创新绩效的中介作用在集群低碳认知程度较高的情境下,要明显高于集群低碳认知程度较低的情境下的中介作用,其二者的置信区间分别为[0.03,0.083]和[0.004,0.027]。

表5.19　适度调节指数

自变量	中介变量	DTRZ	EFFECT	BOOTLLCI	BOOTULCI
SHZR	WLNL	低	0.014	0.004	0.027
		高	0.051	0.03	0.083

注:Bootstrapping = 5 000,置信区间 = 95%
数据来源:作者整理

综上所述,上述结果表明了当中介变量为企业网络能力声誉时,企业社会责任对于低碳创新绩效的中介作用受到了集群低碳认知程度高低的影响,因此可以说明此研究是具有有调节的中介作用,假设H7 a检验成立。

表5.20中分别给出了对应于Process中模型7和模型14的第一类有调节的中介作用以及第二类有调节的中介作用,从表中可以获取两类调节作用的置信区间分别为[0.009,0.044]和[0.03,0.031],可以看出两个置信区间均没有包含0在内。接下来,在表5.21运用了Process模型58的分析结果中,用集群低碳认知均值加减一个标准差来表示具有集群低碳认知程度较高与集群低碳认知程度较低,根据检验结果可以分析得出,企业社会责任到低碳创新绩效的中介作用在集群低碳认知程度较高的情境下,要明显高于集群低碳认知程度较低的情境下的中介作用,其二者的置信区间分别为[0.054,0.142]和[0.008,0.045]。综上所述,上述

结果表明了当中介变量为企业交易公平声誉时,企业社会责任对于低碳创新绩效的中介作用受到了集群低碳认知程度高低的影响,因此可以说明此研究是具有有调节的中介作用,假设 H7 b 检验成立。

表 5.20　适度调节指数

自变量	中介变量	模型	INDEX	BOOTSE	BOOTLLCI	BOOTULCI
SHZR	WLNL	Model7	0.023	0.01	0.009	0.044
		Model14	0.017	0.008	0.03	0.031

注:Bootstrapping = 5 000,置信区间 = 95%

表 5.21　适度调节指数

自变量	中介变量	DTRZ	EFFECT	BOOTLLCI	BOOTULCI
SHZR	JYGP	低	0.085	0.054	0.142
		高	0.024	0.008	0.045

注:Bootstrapping = 5 000,置信区间 = 95%
数据来源:作者整理

第七节　实证结果与结论

一、实证研究结果汇总

本章通过对第四章所提出的制造企业社会责任对低碳创新绩效的影响机制的理论模型及研究假设的基础上,采用验证性因子分析、结构方程模型、层次回归分析等实证研究方法,通过对回收的 417 份有效样本数据的描述性统计分析的,解构并验证了制造企业社会责任、企业网络能力声誉、企业交易公平声誉、集群低碳认知以及低碳创新绩效的构成要素,合理设计反映要素关系的实证模型,并科学的检验了制造企业社会责任对低碳创新绩效的直接影响作用、企业社会责任通过企业网络能力声誉和企业交易公平声誉间接影响低碳创新绩效的作用机制,以及集群低碳认知在企业社会责任通过企业网络能力声誉和企业交易公平声誉间接影响低碳创新绩效作用机制的路径中的调节效应,实证研究结果汇总,见表5.22。

表 5.22　假设结果汇总表

序号	假设内容	实证结果
H1	制造企业社会责任对低碳创新绩效的提升有显著正影响	通过
H2	制造企业社会责任对企业的声誉有显著正影响	通过
H2 a	制造企业社会责任对企业的网络能力声誉有显著正影响	通过
H2 b	制造企业社会责任对企业的交易公平声誉有显著正影响	通过
H3	制造企业声誉对企业低碳创新绩效的提升有显著正影响	通过
H3 a	企业网络能力声誉对制造企业低碳创新绩效的提升有显著正影响	通过
H3 b	企业交易公平声誉对制造企业低碳创新绩效的提升有显著正影响	通过
H4	企业声誉在制造企业社会责任与低碳创新绩效之间起部分中介作用	通过
H4 a	网络能力声誉在制造企业社会责任与低碳创新绩效之间起到部分中介作用	通过
H4 b	交易公平声誉在制造企业社会责任与低碳创新绩效之间起到部分中介作用	通过
H5	集群低碳认知会正向调节制造企业社会责任与企业声誉之间的关系	通过
H5 a	集群低碳认知程度越高时,制造企业社会责任会促进企业进一步提升网络能力声誉	通过
H5 b	集群低碳认知程度越高时,制造企业社会责任会促进企业进一步提升交易公平声誉	通过
H6	集群低碳认知正向调节制造企业社会责任与低碳创新绩效之间的正向关系	通过
H7	集群低碳认知正向调节企业社会责任通过企业声誉影响低碳创新绩效的中介作用	通过
H7 a	集群低碳认知正向调节企业社会责任通过企业网络能力声誉影响低碳创新绩效的中介作用	通过
H7 b	集群低碳认知正向调节企业社会责任通过企业交易公平声誉影响低碳创新绩效的中介作用	通过

资料来源:作者整理

二、制造企业社会责任与低碳创新绩效的直接关系

基于笔者对文献梳理和因子分析,本书将制造企业社会责任利益相关者主体划分为政府、消费者、社会环境、债权人、股东、以及供应链的上下游企业群,从利益相关者的层面分析制造企业社会责任影响低碳创新绩效的多方面的内在机制,并利用层次回归分析验证了其假设,实证分析结果表明,制造企业社会责任对低碳创新绩效有显著的正向促进作用。回归系数为正也具有统计的显著性,也验证了假设 H1,研究结果与 Luetkenhorst、Lin、周璐、Lettle 等人的实证结论较为一致。进一步可以反映出制造企业社会责任越强,利益相关者越容易与企业建立稳健的合作关系,对容易促进企业低碳创新绩效的提升。

同时,制造企业对政府的低碳约束采用积极地责任承担时,则会获得政府的更多支持,诸如补贴或碳税的降低,从而减少企业低碳创新成本,增加其低碳创新绩效。消费者对制造企业低碳的生产要求,促进了制造企业向低碳生产转型,在满足消费者对制造企业低碳生产要求的基础上,相对增加了制造企业对低碳产品的生产比率,提升了新产品的销售收入的同事,也提高了低碳科技成果的转化率,在低碳创新的层面上提升了低碳创新绩效。

在履行制造企业社会责任的社会环境下,对制造企业的低碳约束,促使企业采用积极的行为来承担低碳责任,对制造企业在生产产品过程中,碳排放情况披露、三废综合利用产值、能源与资源消耗等方面的低碳有关生产系数进行合理的控制,从而对低碳创新绩效的提升起到积极的影响作用。债权人和股东对制造企业低碳创新生产的要求,迫使企业积极承担制造企业低碳创新社会责任,债权人与股东通过对低碳生产产品的低碳投资、低碳专项资金的支持与投入,促使制造企业增加了低碳创新产品的研发与生产,从另一层面促进了低碳创新绩效的提升。供应链上下游企业群的对制造企业的低碳生产要求的提出,使得制造企业积极履行低碳创新生产与低碳创新合作的社会责任,供应链上下游企业的合作与竞争关系,使得制造企业的低碳创新生产与合作的机会增大,对低碳产品科技成果转化与新产品的销售数量起到显著提升,并对低碳创新绩效产生积极的促进作用。

三、制造企业社会责任与低碳创新绩效的间接关系

通过对制造企业社会责任与低碳创新绩效的文献进行梳理时发现,学者们对企业社会责任与绩效关系的研究已有不少,多数学者基于财务的层面对企业社会责任对财务绩效的影响方面展开研究,对企业社会责任与创新绩效的研究较少,而在低碳情景下的研究制造企业社会责任对创新绩效的研究则更少,而本书从影响制造企业社会责任与低碳创新绩效二者的中介视角对二者的影响机制进行研究。企业声誉是企业在生产经营活动中,与竞争对手相比所具有的总的感知性好感,是

对企业过去行为和结果的一种综合体现,也是企业对相关利益者承诺是否进行履行后得到的相关评价。

本书借鉴了王启亮和 Neves 等将企业声誉定义为二维度的态度变量,将企业声誉认为是企业网络能力声誉与企业交易公平声誉组成的,并从企业网络能力声誉与企业交易公平声誉两方面入手,深入探讨并验证企业网络能力声誉与企业交易公平声誉在制造企业社会责任和低碳创新绩效间的中介机制。通过综合分析了现有研究学者的观点,本书将采用 Baron 和 Kenny 的逐步法首先对中介效应进行检验,进而在使用 Sobel 检验方法以及 Bootstrap 方法进行分析,为了进一步确定中介效应的存在。

实证研究结果表明,回归系数均为正值,且具有统计的显著性特点,也验证了假设 H2、H3。在制造企业社会责任对企业网络能力声誉与企业交易公平声誉的研究作用时,研究结果与李箐,Jenkins,Revert 等学者的研究成果较为一致。低碳环境下,企业社会责任履行的好坏对于企业在集群中的声誉具有重要的影响。制造企业绿色生产的低碳回报,将直接反馈于与企业相关的利益主体上。

债权人与股东作为企业低碳创新的资金支持者,是企业履行低碳社会责任的受益者,其低碳行为带来的回报可以作为分红反馈给权益人,巩固其在制造企业集群的位势,从而提升其网络声誉。

消费者作为制造企业的产品需求者,其低碳需求对促进制造企业进行低碳转型将会产生重要的影响,通过低碳产品的合理价位购买,提升其集群网络中的影响力,进而提升其网络声誉。政府一方面督促制造企业进行低碳生产,以降低碳排放量,其主要监督手段为污染税的征收以及补贴的发放。

因此,制造企业积极进行低碳创新,改进生产设备及产品,降低自身的生产污染行为,则会受到政府的相关支持,无论在经济效益还是声誉效益方面都将受到正面响应。处于重污染行业的企业在员工保护以及环境保护等方面会承担更多的社会责任,从而保持良好的企业形象。同时,制造企业良好的社会责任表现在其对低碳创新合作利益分配及低碳产品的定价策略方面,因此制造企业社会责任对其交易公平性会产生一定的正影响。

而在企业网络能力声誉与企业交易公平声誉对低碳创新绩效的研究作用时,研究结果与 Hagedoorn,范钧,曹霞的研究结论保持一致。企业声誉效应是利益相关者对其的赞美、信任,对企业的创新行为具有一定的正向影响,而企业创新行为的外在表现,则体现在创新绩效的提升。

因此,制造企业若获得较高的企业声誉,则可以减少企业的交易成本与生产成本,从而提升创新绩效。从网络能力声誉的角度分析,企业的经济活动均嵌入在社会网络关系中,网络能力对企业获取外部稀缺资源有重要的积极作用,有助于企业进行低碳技术创新,吸引更多的供应商、消费者等群体,从而获取较高的创新绩效。

从交易公平声誉的角度分析,低碳技术创新在交易过程中存在两类消费群体,其一是低碳产品的购买方,其二是低碳技术的合作方。处于集群网络中的制造企业,其在创新过程中的合作收益分配,将影响企业在网络中的声誉;若企业收益分配不公,则会对其后续发展产生不利影响,反之相反。同时,用户对于低碳产品的消费需求量,会根据其价格的公平性,做出理性购买行为,从而影响制造企业的利润。因此,交易公平声誉通过集群网络,影响制造企业的交易行为,从而影响企业的创新绩效。

除此之外,实证结果还表明,企业声誉在制造企业社会责任与低碳创新绩效之间的中介作用较为显著,而根据 Jose 的研究显示,如果间接效应与总效应的比率大于 0.8,则可以认为是产生了完全中介作用,反之为部分中介作用。经过计算,企业网络能力声誉在企业社会责任与低碳创新绩效关系中的效应比率为 0.651。通过对数据的分析,更具体的表明了企业网络能力声誉在企业社会责任与低碳创新绩效关系中起到了部分中介作用,同时也验证了假设 H4 成立。

四、集群低碳认知的调节作用

通过上文对认知内涵、认知模式、集群认知的资源分布与内涵进行深入分析基础上,对集群低碳认知进行了深入的理论解析,结合学者们对集群低碳认知的研究,因此提出了相关假设,认为集群低碳认知会正向调节制造企业社会责任与企业声誉之间的关系,同时集群低碳认知正向调节企业社会责任通过企业声誉影响低碳创新绩效的中介作用。对于调节变量的调节作用检验,本书采取层级回归分析的方法来进行检验,实证结果表明,集群低碳认知在调节制造企业社会责任与企业声誉的路径上具有显著的正向调节作用,因此假设 H5 得到了验证。研究结果与张羽、王岚、陶然等学者的研究结果接近一致。实证结果也进一步表明了处于集群网络中的不同个体,将会受到社会低碳舆论、政府低碳政策等的影响,进而对低碳生产生活产生一定的需求,形成集群低碳认知。集群中的低碳认知程度越高,越会影响企业在不同相关利益者的低碳认知,使其产生不同的低碳行为,或进行低碳技术合作创新,或进行低碳产品购买,或增强集群内部的低碳补贴、碳排放税征收等行为。当集群低碳认知比较高的情况下,制造企业社会责任对低碳创新绩效的影响比在集群认知比较低的情况下要强。这与假设的情况相符。当集群低碳认知较高时,制造企业的上下游企业、竞争企业以及消费者对低碳工艺和低碳产品的认知都处于较高水平,此时上下游企业更倾向于寻找实行低碳创新的合作伙伴,消费者更倾向于购买低碳产品,行业内的竞争环境也同样倾向于"低碳化",此时制造企业通过向利益相关者披露低碳创新发展的信息更有助于促进与集群中其他主体之间建立稳固的联系,形成和谐稳健的关系网,对企业低碳创新绩效的提升作用则会更强,因此,假设 H6 得到了检验。

第八节　本 章 小 结

本章通过对上文理论假设的提出进行实证分析的基础上,更充分的证明了本书的研究假设都得到验证,主要结论如下:第一,低碳情境下制造企业社会责任对低碳创新绩效有显著的正向影响。第二,企业声誉在制造企业社会责任和低碳创新绩效之间起到部分中介作用,并且企业的网络能力声誉比交易公平声誉的中介效应强。第三,集群低碳认知显著调节了制造企业社会责任与低碳创新绩效间的关系,集群低碳认知水平越高,调节作用越显著。

第六章　基于低碳社会责任的高技术制造业创新绩效评价研究

基于以上对制造企业社会责任与低碳创新绩效作用机制与影响效果的分析，本章的研究目的在于通过对宏观视角下高技术制造业创新绩效的评价，进一步为提升制造企业低碳创新绩效提出重要的借鉴意义。在低碳经济的视角下，履行低碳社会责任的高技术制造业，在制造业消耗能源过程中控制所排放出的污染物强度方面做出了巨大贡献。

第一节　高技术制造业低碳创新发展现状评述

随着知识经济和市场经济迅猛发展的情境下，作为制造业中知识密集型产业的代表者，高技术制造业表现的较活跃，已经成为社会经济未来发展的重要支撑。对于高技术制造业而言，创新是其发展的核心推动力，而创新绩效能够很好地衡量产业发展水平。创新绩效是采用新技术后，在市场中新产品能够获取的最大利润。上文对影响制造企业低碳创新绩效因素进行了深入分析与总结，笔者认为，提升低碳创新绩效、发展低碳经济需要充分发挥区域优势，发挥高技术制造业的高技术、高层次人才以及高创新能力，促进低碳经济发展方面的优势。

国家十二五期间，基于政策导向性的高技术制造业早已跻身与国民经济快速发展和产业结构优化调整的重要行列，大力发展高技术制造业，强化高技术制造业在低碳经济发展以及履行低碳背景下的社会责任，深层次评价低碳社会责任背景下高技术制造业的贡献度，深入挖掘高技术制造业的低碳发展的内在潜力，进而对优化制造业产业结构布局，提供了具有重要的理论价值和实践意义。

高技术制造业对发展低碳经济具有显著的促进作用，主要表现在高技术制造业能够促进节能减排以及推动高技术快速进步两个方面。高技术制造业中的大量高新技术的使用，能够促进经济从"高能耗、高排放、低效率"的粗放型经济增长方式转向"低耗能、低排放、高效率"的资源节约型的低碳经济发展转变。通过对单位能源消耗量的降低的同时，减少了环境的污染面积，更进一步使得高技术制造业的生产效率逐步提高。

在对比了高技术制造业与传统制造业的相关数据，笔者发现，高技术制造业与传统制造业相比在节能减排方面具有明显的降低碳排放强度的技术优势,在制造业发展低碳经济,履行低碳社会责任方面承担着巨大的责任,同时也具有较强的实力。此外,高技术制造业中的高层次人才和高技术密集的集群形成了制造业的低碳发展动态集群,产业动态集群的特征主要表现在其生产产值较高和高技术产品较新颖,相比较于传统制造业的产品,制造企业依据市场需求对产品进行生产,维持了市场环境中的供需平衡后则难以维持高增长的态势,而高技术制造企业则不会受到单一的市场供需及机制的影响。淘汰落后的传统产品,创新产品应对市场的新需求,从而维持高技术企业产值不断增长。高技术制造业的不断进步和落后技术的淘汰,提高了高技术制造业的竞争优势,相比于传统的制造业,会得到较高的经济效益。为了满足消费者的低碳需求,高技术制造业技术创新绩效的不断提升对低碳经济增长起着重要作用。

因此,本书以高技术制造业为例,基于熵值法－TOPSIS 法对履行社会责任背景下的高技术制造业低碳创新绩效进行评价,不仅强化了高技术制造业对低碳发展的贡献能力,同时也突出了履行社会责任对提升高技术制造业低碳创新能力,促进高技术制造业低碳技术创新,低碳产品创新等低碳行为,间接对传统高耗能、高污染制造企业低碳创新绩效的提升,以及产业竞争力具有重要借鉴意义。

第二节　高技术制造业低碳创新绩效评价指标体系构建

一、高技术制造业低碳创新绩效指标体系构建原则

对低碳情境下高技术制造业低碳创新绩效的评价如果仅仅单纯进行经济绩效评价是很难客观反映的,要综合考虑生态、社会属性,以实现节能减排、减缓气候问题,是否有利于制造业可持续发展战略,是否增强了制造业的综合竞争能力,实现低碳社会责任背景下的绩效提升,只有综合多方面视角对高技术制造业低碳创新绩效的评价,才会从科学性的视角,提出如何高质量的提升高技术制造业的低碳创新能力。因此在构建高技术制造业低碳创新绩效指标体系时,综合考虑了以下几个方面。

1. 科学性原则

基于低碳社会责任的视角下,高技术制造业低碳创新绩效评价体系的设计要科学的涵盖低碳创新的全要素,要准确精炼、科学规范的客观性揭示高技术制造业低碳创新绩效,并对高技术制造业进行客观合理的评价,为科学的决策提供有利依据。

2. 客观性原则

本书在对低碳社会责任视角下的高技术制造业低碳创新绩效评价时,对数据资料的获取要具有客观来源可靠性原则,避免主观评判,确保评价结果的真实性与准确性的原则。

3. 系统性原则

构建基于低碳社会责任视角下的高技术制造业低碳创新绩效评价指标体系,它是一项复杂系统工程。保证指标体系的层次性,整体性及综合性,是形成一个完善指标体系的前提。确保涵盖完善的评价要求的所有内容,综合考虑处于不同层面的指标在选择时的不同属性。

4. 目的性原则

本书的目的是系统分析低碳社会责任情景下高技术制造业低碳创新绩效,了解高技术制造业低碳创新的真实现状,找出低碳社会责任情境下高技术制造业低碳创新存在问题,努力寻求应对策略,为提升高技术制造业低碳创新能力提供了具有科学价值的信息支持和操作依据。在选择评价指标是,要重点考虑其能否实现客观真实的评价目的,全面准确的反映评价目的性原则。

5. 可操作性原则

在学术研究中的评价指标,只有准确的付诸于实践,才体现了其现实价值的存在,本书在构建低碳社会责任背景下高技术制造业低碳创新绩效评价指标时,充分考虑了所选评价指标的可行性、可测性和可控性等特点,在设计高技术制造业低碳创新评价指标时,确保所选指标能够直接或间接的获得相应的数据和资料。

二、高技术制造业低碳创新绩效评价指标体系的构建

为了更好的推动制造业的低碳发展,履行低碳社会责任,提升高技术制造业低碳创新绩效为制造企业的低碳化做出了巨大贡献,基于研究背景,国内外学者在研究领域主要关注了高技术制造业如何提升创新绩效,主要集中在创新绩效的影响因素、指标体系构建以及评价等方面。

Venturini 等对比分析意大利和西班牙的高技术产业的技术进步和 R&D 投入,发现 R&D 投入是促进高技术产业发展的关键要素。Hsu 等采用 GMM 模型对台湾的高技术企业进行实证研究,发现跨国(地区)公司的技术溢出效应对创新绩效有着正向影响。陈劲等对产业集聚的稀疏程度与产业中的个体创新效果的关系进行了探索,展现了产业集聚对高技术产业创新具有重要影响。戴魁早,欧阳秋珍、陈昭运用了系统 GMM 方法对高技术产业创新绩效进行实证分析,发现垂直专业化、创新投入和网络规模对创新绩效具有促进作用。

李培楠等,崔彩周都以高技术产业为研究对象分析创新绩效的影响,都发现人力资本和外部技术等创新要素,对于创新绩效具有正向作用。任伶等发现产业投入(科技研发投入费用、科技人员投入)对于产业发展具有促进作用。朱晋伟等基于面板数据的半参数模型,发现研发人员比例、引进技术费用和出口比率对行业的创新绩效有促进作用。丁凯、朱顺林实证分析高技术产业中政府 R&D 补贴对技术创新绩效的影响,发现政府 R&D 补贴总体上对创新绩效有着促进作用。

Hagedoorn 和 Chuang 构建了从专利申请数、专利引用数、R&D 项目数以及新产品发布数四个指标对创新绩效进行评价。刘玉芬、张目和杨晓冬、武永祥运用 DEA 方法,分别以西部和东、中部地区对高技术产业创新绩效进行评价,并给出从优化资源配置等方面提升创新绩效的建议。裴潇和陈俊领,朱山丽等运用灰色关联度分析以及 DEA 等方法对高技术产业的创新绩效进行评价,R&D 人员数和新产品开发经费支出对创新绩效影响最大,并发现创新绩效总体呈现上升趋势。

基于上文对高技术制造业层面的相关研究后,同时也将进一步分析基于企业层面的高技术制造业评价指标体系的研究。蔡元成等为了应对低碳经济的发展策略,提出了高技术企业的快速发展对现阶段的政策导向以及低碳经济的发展对实现社会经济可持续发展起到了关键作用。覃卫国进一步提出了高技术企业在低能耗、低污染、高技术性等方面认知,三者与低碳经济发展契合程度,而高新技术企业的迅速发展与壮大,也对促进高技术产业向低碳经济的形式下转型升级,进一步推动低碳经济的深入发展。

综上所述,现阶段也有学者研究了高技术产业的能源强度、碳排放强度的表现特征。荆克迪等认为能源利用强度是在实现碳排放与低碳经济发展实现脱钩现象的关键要素,通过对高技术产业制造业的电子、通信设备制造业为研究对象,实证分析了能源利用强度的重要作用,研究结果进一步表明了高技术制造业的能源消耗强度正呈现逐年下降的趋势。楚春礼、郭彩霞等也对能源消耗数据进行了有利的分析,在 2000 年开始的七年时间里,我国高技术制造业在产业经济可持续发展的阶段中,其能源消耗的数据、高技术制造业能源消耗强度在统计分析趋势的基础上,结果证实了其二者数据正呈现逐年下降的趋势,年均下降比例为 9.2%,能源消耗强度也呈现逐年递减趋势。王仰东等人在高技术产业快速发展以及现阶段低碳经济的发展的趋势下,高技术产业作为市场需求强烈、核心关键技术的提供者,这些角色中的关键地位正在逐渐显现,因此,大力发展高技术产业对资源能源利用率的降低,产业效益的提升等方面,具有重要的促进作用。孙宁为了验证制造业的碳排放强度的主导因素,将分解分析法的精髓运用到其中,研究的数据结果再次表明了制造业的技术进步能够显著降低制造业的二氧化碳的排放强度,是重要的影响因素,进而在确立了高技术产业在促进产业结构升级、降低二氧化碳的排放强度的重要角色。

基于社会责任的高技术制造业低碳创新绩效的评价指标体系的构建与设计,要依据科学的研究方法、具有可比较的研究内容以及系统性的研究设计几个方面来讨论。因此,本书通过采取参考国内外学者的相关研究成果基础上,在研究高技术制造业创新绩效特点的前提下,参考了刘玉芬、张目对区域技术创新绩效进行指标体系设计;裴潇、陈俊领构建了省市的技术创新绩效评价指标体系;张危宁等构建了高技术产业集群创新绩效指标评价体系;潘东华、孙晨构建了产业技术创新战略联盟的创新绩效评价指标体系。综合以上学者的研究现状及研究成果的背景下,本书最终构建了"3 – 12 个指标"的指标体系,见表 6.1。

表 6.1　基于社会责任的高技术制造业低碳创新绩效评价指标体系

一级指标	二级指标	三级指标
高技术制造业低碳创新绩效评价	低碳创新资源绩效	高技术制造业低碳创新从业人员平均人数—A11
		高技术制造业低碳产品研发人员当量—A12
		高技术制造业 R&D 经费内部支出—A13
		高技术制造业机构数量—A14
		高技术制造业新增固定资产—A15
	低碳创新转移绩效	高技术制造业专利申请数—A21
		高技术制造业有效发明专利数—A22
	低碳创新经济绩效	高技术制造业低碳技术改造费用—A31
		高技术制造业技术消化吸收费用—A32
		高技术制造业低碳产品销售收入—A33
		高技术制造业低碳技术开发经费支出—A34
		高技术制造业出口交货值—A35

第三节　高技术制造业低碳创新绩效评价模型构建及方法选取

部分学者对创新绩效进行评价过程进行研究,主要采用了数据包络分析法(DEA)、层次分析法(AHP)以及灰色关联度分析等方法,而这些方法对于指标权重的确定具有较强的主观性,表 6.2 为评价方法的比较。前人对高技术制造业创新绩效的评价方法,发现灰色关联度分析以及层次分析法(AHP)等,虽然具有自己独特的优点,但是确定指标权重时都具有主观性。本书采用 TOPSIS 法对高技术制造业低碳创新绩效进行评价,但是由于 TOPSIS 法能够导致因具有主观性的指标权重而使评价结果不准确,反之,熵值法却可以有效的避免这一现象的发生,因为它会改变指标权重客观存在这一问题,进而确保在实证研究中,因此在利用 TOPSIS 法对高技术制造业低碳创新绩效的评价过程中,得到较准确的评价结果。因此,本书基于熵值法 – TOPSIS 法组合评价方法,根据熵值法确定指标的权重,保证了指标权重的客观性,克服了权重确定主观性所带来的误差,对于完善我国高技术制造业低碳创新绩效理论具有重要意义。

表6.2　评价方法对比

评价方法	特点及优势	局限性	学者(时间)
数据包络法（DEA）	研究同类型部门间相对有效性,适合处理多目标决策问题	数学意义高深,实际操作难度大	Charnes(1978) Schinnar(1992)
层次分析法（AHP）	定性问题定量化解决	两两比较,主观性较强	George 等 (1973)
遗传算法	适用于物流企业优化	编程实现比较复杂,算法的搜索速度较慢,依赖于初始种群的选择	Holland 等 (1975)
人工神经网络	良好的适应性、学习能力和大规模的平行计算能力	较为复杂,技术要求高,实证需要大量经验和数据的支持,操作困难	Landahl 等 (1943)
VIKOR	一种基于理想点法的多属性决策方法	常存在有区间数的模糊VIKOR方法,动态三角模糊多属性决策的VIKOR扩展方法,随机多属性VIKOR决策方法等。	Opricovic (2004)
TOPSIS	根据靠近正理想解和负理想的距离来对决策方案进行评价排序,适用于缺少部分定量信息的情况	没有考虑两个理想点之间的相关性	Hwang 等 (1981)

资料来源:作者整理

一、熵值法的基本原理

熵值法中的"熵"最早源于热力学中的专业词汇,主要用于体现不做有用功的热能。随着科学技术的发展,"熵"这个专业词汇被逐步使用到了数理统计、物理学、化学以及生物学等专业领域。1920年中期,我国著名物理学家胡刚教授首次将"entropy"命名为"熵"。熵值法的实际运算过程中,通常要建立原始数矩阵,进而对数据进行数学运算。熵值这个数值体现了信息的效用价值,同时也体现了一个对无法确定的随机事件的衡量。假如事件的随机性逐步增强,随之在对应熵值会逐渐增大;反之,若事件的非随机性越强,直至变为确定性的必然事件,进而导致熵值就变为零。熵值法的运算属于全部据指标值,无任何主观方面的因素,消除了对结果的干扰项,使评价结果更具可信度。

熵值法在确定指标权重系数的具体步骤如下:

(1)计算第 i 个被评对象在第 j 项评价指标下的指标值比重 P_{ij}:

$$P_{ij} = \frac{x_{ij}^*}{\sum_{i=1}^{n} x_{ij}^*} \tag{6-1}$$

得到数据的标准化矩阵为 $P = P_{ij}$。

(2)计算第 j 项指标对应的熵值:

$$e_j = -k \sum_{i=1}^{n} P_{ij} \ln P_{ij} \tag{6-2}$$

其中,常数 k 与系统中的待测年份 n 有关。

(3)计算第 j 项指标的信息效用值,对于第 j 项指标而言,如果该指标的信息效用值越大,说明该指标的评价作用越大,对应的熵值越小。定义重要程度值 d_j:

$$d_j = 1 - e_j \tag{6-3}$$

(4)确定第 j 项指标的熵权(权重):

$$W_j = \frac{d_i}{\sum_{i=1}^{n} d_i} = \frac{1 - e_i}{n - \sum_{i=1}^{n} e_i} \tag{6-4}$$

其中,W_j 第 j 项指标的熵权(权重)是由该指标的重要程度值确定的,如果该指标信息效用值越大,相关评价的重要性就越大,则权重也就越大。

二、TOPSIS 评价模型

TOPSIS 法,作为一种重要的多属性决策方法,主要通过备选方案 A 与"理想解 A^*"和"负理想解 A^-"的比较选择最优方案。距离"理想解 A^*"较近且距离"负理想解 A^-"较远的方案较优。

本书采用熵值法 – TOPSIS 法针对我国高技术制造业低碳创新绩效评价。TOPSIS 模型的计算步骤如下。

(1)在多目标的决策过程中,各个指标的量纲不一样、变化范围不同,使得在决策时无法反映出指标的实际情况,因此有必要将决策矩阵进行规范化,即无量纲化和同趋化处理。

得到规范矩阵 $Z = (z_{ij})_{m \times n}$,其中

$$Z_{ij} = \frac{y_{ij}}{\sqrt{\sum_{i=1}^{m} y_{ij}^2}} \quad (1 \leqslant i \leqslant m, 1 \leqslant j \leqslant m) \tag{6-5}$$

（2）加权规范矩阵 $X = (x_{ij})_{m \times n} = [w_j \cdot z_{ij}]_{m \times n}$。

（3）理想解 A^* 和负理想解 A^- 的计算

$A^* = [x_1^*, x_2^*, \cdots, x_n^*]$，以及 $A^- = [x_1^-, x_2^-, \cdots, x_n^-]$。对于效益型准则，也就是高效指标 C_j，$x_j^* = \max\{w_j \cdot z_{ij} \mid 1 \leqslant i \leqslant m\}$，$x_j^- = \min\{w_j \cdot z_{ij} \mid 1 \leqslant i \leqslant m\}$；对于成本型原则，也就是低效指标 C_j，$x_j^* = \min\{w_j \cdot z_{ij} \mid 1 \leqslant i \leqslant m\}$，$x_j^- = \min\{w_j \cdot z_{ij} \mid 1 \leqslant i \leqslant m\}$。

（4）欧式距离的计算

到理想解 A^* 和负理想解 A^- 的距离分别为 $d_i^* = [(\sum_{j=1}^{n} x_j^2 - w_j \cdot z_{ij})^2]^{\frac{1}{2}}$ 和 $[(\sum_{j=1}^{n} x_j^2 - w_j \cdot z_{ij})^2]^{\frac{1}{2}} (i = 1, 2, , \cdots, m)$。如果 d_i^* 越小，那么 d_i^- 越大，方案 A_i 越优。

（5）方案 A_i 对理想解的最终相对接近程度为 $c_i^* = \dfrac{d_i^-}{d_i^- + d_i^*} (1 \leqslant i \leqslant m)$，$c_i^*$ 越大，那么方案 A_i 越接近理想解。

（6）根据 c_i^* 值大小进行备选方案的排序，得分值与方案排序方向一致。

第四节　实证评价及结果讨论

一、数据来源

本书将多角度、多渠道的系统视角，对相关高技术制造业指标数据进行搜集、梳理与总结，并采用比较科学与准确的数据处理方法，保证准确的数据进行实证分析。本书在原始数据的选择上，主要选取了 2005—2014 年 10 年间的高技术制造业的数据，进而对高技术制造业低碳创新绩效进行评价。其中数据来源主要是从 2005 – 2014 年 10 年间的《中国高技术制造业统计年鉴》，通过梳理、分析、筛选得到现有数据。

二、全国视角下的高技术制造业低碳创新绩效评价

本书根据构建的高技术制造业低碳创新绩效评价指标体系，利用熵值法确定指标权重，再结合 TOPSIS 法对高技术制造业低碳创新绩效进行评价，见表6.3。

第一，对数据进行规范化处理之后，根据式（6 – 1），计算第项指标下第个样本年指标值的比重。

第二，根据式（6 – 2）、式（6 – 3）以及式（6 – 4），计算出各项的熵值 e 和信息效用值 d，同时，计算各项的权重 w，计算结果见表6.4。

表 6.3 高技术制造业低碳创新绩效原始数据

年份	从业人员平均人数	研发人员当量	R&D经费内部支出	机构数量	新增固定资产	专利申请数	有效发明专利数	技术改造费用	消化吸收费用	新产品销售收入	开发经费支出	出口交货值
2005	663	173 161	3 624 985	1 619	1 463.88	16 823	6 658	1 590 214	274 972	69 146 633	4 156 916	17 636
2006	744	188 987	4 564 367	1 929	1 898.28	24 301	8 141	1 719 061	110 043	82 488 646	5 099 534	23 476
2007	843	248 228	5 453 244	2 217	2 071.33	34 446	13 386	2 109 878	137 407	103 032 217	6 520 284	28 423
2008	945	285 079	6 551 994	2 534	2 574.17	39 656	23 915	2 186 000	150 163	128 794 741	7 984 007	31 504
2009	958	320 033	7 740 499	2 845	3 160.45	51 513	31 830	2 017 410	106 224	125 950 003	9 250 743	29 500
2010	1 092	399 074	9 678 300	3 184	4 450.41	59 683	50 166	2 687 343	138 368	163 647 630	10 069 385	37 002
2011	1 147	426 718	12 378 065	3 254	5 355.15	77 725	67 428	2 396 391	152 481	203 845 209	15 280 302	40 600
2012	1 269	525 614	14 914 940	4 566	8 377.13	97 200	97 878	3 191 778	93 179	237 653 174	18 274 769	46 701
2013	1 294	559 229	17 343 666	4 583	9 874.27	102 532	115 884	3 671 266	130 081	290 288 371	20 694 975	49 285
2014	1 325	572 537	19 221 544	4 763	11 790.7	120 077	147 927	3 165 342	149 184	32 841 936	23 505 812	50 765

表 6.4 高技术制造业低碳创新绩效各个指标熵值、信息效用值及权重值

	从业人员平均人数	研发人员当量	R&D经费内部支出	机构数量	新增固定资产	专利申请数	有效发明专利数	技术改造费用	消化吸收费用	新产品销售收入	开发经费支出	出口交货值
e_j	0.99	0.967	0.942	0.974	0.903	0.935	0.847	0.985	0.979	0.938	0.937	0.98
d_j	0.01	0.033	0.058	0.026	0.097	0.065	0.153	0.015	0.021	0.062	0.063	0.02
w_j	0.017	0.053	0.093	0.042	0.155	0.105	0.246	0.024	0.033	0.1	0.101	0.033

对指标进行无量纲化处理之后,利用熵值法对指标进行权重计算,熵权数表6.4。

高技术制造业低碳创新绩效评价指标权重为

$W_j = (0.017, 0.053, 0.093, 0.042, 0.155, 0.105, 0.246, 0.024, 0.033, 0.100, 0.101, 0.033)$

对表6.4得到的指标权重分析,得到2005—2014年10年间的正负理想值的欧式空间距离,从而得到10年间高技术制造业低碳创新绩效的综合评价得分 C_i。

评价结果分析如下。

根据 TOPSIS 法得出的评价结果,我们可以得出 $C_2 < C_1 < C_3 < C_4 < C_5 < C_6 < C_7 < C_8 < C_{10} < C_9$,见表6.5,由于接近度与备选方案排序的方式以及方向具有一致性,因此,本书可以得出对 A_1、A_2、A_3、A_4、A_5、A_6、A_7、A_8、A_9 以及 A_{10} 2005—2014年这10年间的备选方案的排序为 $A_2 < A_1 < A_3 < A_4 < A_5 < A_6 < A_7 < A_8 < A_{10} < A_9$。

表6.5　高技术制造业低碳创新绩效的正负理想值距离以及接近度(得分)

年份	与正理想值的距离 d^+	与负理想值的距离 d^-	评价得分
2005	0.193 7	0.014 3	0.068 9
2006	0.188 8	0.011 7	0.058 2
2007	0.180 2	0.020 4	0.101 6
2008	0.166 6	0.032 8	0.164 6
2009	0.155 7	0.042 6	0.214 7
2010	0.131 6	0.065 9	0.333 8
2011	0.106 8	0.091 7	0.461 9
2012	0.064 8	0.133 1	0.672 5
2013	0.040 3	0.158 8	0.797 8
2014	0.050 6	0.188 9	0.788 7

见表6.5,根据2005—2014年高技术制造业低碳创新绩效评价得分的绝对值来看,2006年是我国高技术制造业低碳创新绩效相对较弱的1年,评分值仅为0.058 2;相比之下,在2013年,我国高技术制造业低碳创新绩效是这10年间最强的1年,评分值为0.798 7。从2005—2014年这10年间表明了,我国的高技术制造业低碳创新绩效整体呈现上升趋势。在2005—2008年间,我国的高技术制造业低碳创新绩效呈现缓慢增长趋势;而2009—2013年间,我国的高技术制造业低碳创新绩效呈现快速增长态势。

我们可以发现,在这 10 年间高技术制造业低碳创新绩效最优的是 2013 年,相比其他几年也是最好的。本书根据得到的评价得分值,利用 Excel 对 2005—2014 年这 10 年间的高技术制造业低碳创新绩效进行直观分析,如图 6.1 所示。

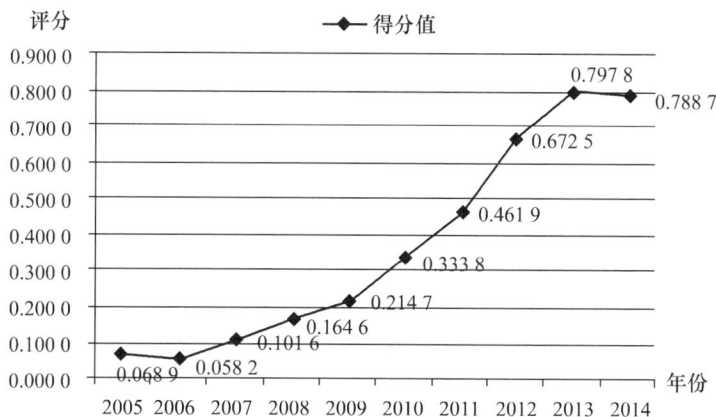

图 6.1　2005—2014 年高技术低碳产业创新绩效评价得分折线图

制造企业低碳创新发展的第一阶段为十一五初期,被称为我国制造企业低碳创新发展的起步阶段,在这个时期,我国低碳经济的理念初步形成,低碳经济平稳发展,但我国工业发展的主要度动力仍然处在增加投资和扩大出口,资源依赖程度高、增长方式粗放等问题日渐凸显,低碳科技的投入力量薄弱,使得制造企业整体低碳创新发展能力水平较低。在国家 2009 年提出的战略性新兴产业之后,也可认为是我国制造企业低碳创新发展的剧变时期,宏观政策的刺激为制造企业的经济效益发展形成拉动作用,而随着十二五规划的出台,经济效益和碳排放测度等指标的优化吗,作为战略性的新兴产业的高技术制造业得到了快速发展,进而推动了高技术制造业低碳创新绩效以及我国制造企业整体低碳创新发展水平大幅度提升。而在 2014 年,相比于前几年,增长趋势放缓,高技术制造业低碳创新绩效评价得分低于 2013 年。在市场的调节作用下,我国制造企业低碳发展水平从政策拉动的非常态增长态势向市场拉动的常态发展态势回落,表明金融危机和宏观政策调控等强烈不确定的外界因素影响着我国制造企业低碳创新发展的态势已经基本消除。由于国家放缓了经济发展速度,使得高技术制造业受到较大影响。此外,政府政策强调制造企业转型升级应对低碳问题,使得高技术制造业在 2014 年没有更多的资金支持和政策扶持,但随着国家提出"十三五"规划刚要中提出的创新驱动发展战略,高技术制造业回归了原有地位,由此我们可以预见高技术制造业将会迎来一个快速发展期,产业低碳创新绩效也将会呈现快速增长的态势。

三、分行业视角下的高技术制造业低碳创新绩效评价

本书将从分行业的视角对对高技术制造业的五个行业进行低碳创新绩效的组合评价,A_1 表示医药制造业,A_2 表示航空航天器是造业,A_3 表示电子及通信设备制造业,A_4 表示电子计算机及办公设备制造业,A_5 表示医疗设备及仪表制造业。

根据上文所构建的高技术制造业低碳创新绩效评价指标体系,利用熵值法确定指标权重,再结合 TOPSIS 法对高技术制造业低碳创新绩效进行组合评价。

第一,对数据进行规范化处理之后,根据式(6-1),计算第 j 项指标下第 i 个样本年指标值的比重 P_{ij}。

第二,根据式(6-2)、式(6-3)以及式(6-4),计算出各项的熵值 e 和信息效用值 d,同时,计算各项的权重 w,计算结果见表6.7。

表6.7　2015 年高技术制造业分行业低碳创新绩效的正负理想值距离以及接近度(得分)

行业	与正理想值的距离 d^*	与负理想值的距离 d^-	评价得分
医药制造业	0.203 7	0.100 6	0.330 7
航空航天器制造业	0.254 1	0.015 3	0.056 8
电子及通信设备制造业	0.000 0	0.256 3	1.000 0
电子计算机及办公设备制造业	0.219 2	0.061 5	0.219 1
医疗设备及仪表制造业	0.237 5	0.026 3	0.099 7

对指标进行无量纲化处理之后,利用熵值法对指标进行权重计算,熵权数见表6.7。高技术制造业分行业低碳创新绩效评价指标权重为

$W_j = (0.017, 0.053, 0.093, 0.042, 0.155, 0.105, 0.246, 0.024, 0.033, 0.100, 0.101, 0.033)$

对表6.7 得到的指标权重分析,得到 2005—2014 年 10 年间的正负理想值的欧式空间距离,从而得到高技术制造业分行业的低碳创新绩效的综合评价得分 C_i。

评价结果分析如下。

根据 TOPSIS 法得出的评价结果,我们可以得出 $C_2 < C_5 < C_4 < C_1 < C_3$,见表6.8,由于接近度与备选方案排序的方式以及方向具有一致性,因此,本书可以得出对 A_1、A_2、A_3、A_4 以及 A_5 分行业备选方案的排序为 $A_2 < A_5 < A_4 < A_1 < A_3$。我们可以发现,高技术制造业分行业中电子及通信设备制造业的创新绩效是最优的,相比其他 4 个产业也是最好的。

表6.6　2015年高技术制造业分行业创新绩效原始数据

分行业	从业人员平均人数	研发人员当量	R&D经费内部支出	机构数量	新增固定资产	专利申请数	有效发明专利数	技术改造费用	消化吸收费用	新产品销售收入	开发经费支出	出口交货值
A_1	215 943 0	100 381	2 897 090	1 217	3 613.84	11 514	16 161	1 013 484	67 368	36 253 991	3 033 372	1 312.3
A_2	365 708	36 249	1 847 872	113	338.99	4 772	3 485	702 318	188	10 809 047	1 912 557	405.4
A_3	7 734 261	327 262	11 764 875	2 446	5 632.4	75 590	105 307	1 086 323	73 957	210 593 441	15 056 275	31 486.8
A_4	1 842 440	54 907	1 421 122	277	579.2	12 088	12 288	88 666	906	56 113 670	1 859 230	16 154.9
A_5	1 148 428	53 738	1 290 585	710	1 626.3	16 113	10 686	274 550	6 764	14 681 788	1 644 378	1 405.8

注：A_1表示医药制造业，A_2表示航空航天器制造业，A_3表示电子及通信设备制造业，A_4表示计算机及办公设备制造业，A_5表示医疗设备及仪表制造业。

表6.8　高技术制造业低碳创新绩效各个指标熵值、信息效用值及权重值

	从业人员平均人数	研发人员当量	R&D经费内部支出	机构数量	新增固定资产	专利申请数	有效发明专利数	技术改造费用	消化吸收费用	新产品销售收入	开发经费支出	出口交货值
e_j	0.743	0.775	0.736	0.763	0.77	0.711	0.602	0.856	0.551	0.672	0.709	0.555
d_j	0.257	0.225	0.264	0.237	0.23	0.289	0.398	0.144	0.449	0.328	0.291	0.445
w_j	0.072	0.063	0.074	0.066	0.065	0.081	0.112	0.04	0.126	0.092	0.082	0.125

本书根据得到的评价得分值,利用 Excel 对高技术制造业分行业创新绩效进行直观分析,如图 6.2 所示。

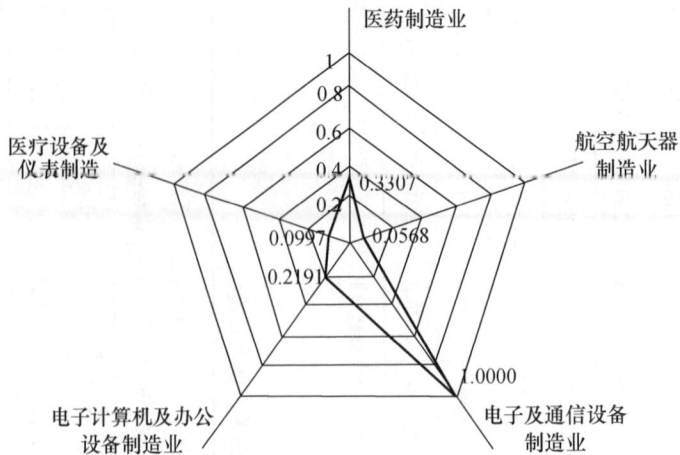

图 6.2   2015 年高技术制造业分行业创新绩效得分雷达图

根据图 6.2,以 2015 年的高技术制造业的五大分行业的得分绝对值来看,我国高技术制造业中航空航天器制造业的低碳创新绩效在这五个行业中相对较差,对应的评价得分值仅为 0.056 8;电子及通信设备制造业低碳创新绩效相对较高,对应的得分值为 1.000 0。电子及通信设备制造业低碳创新绩效远远高于航空航天器制造业,主要原因可能是伴随着 21 世纪信息时代的到来,使得电子及通信设备制造业发展迅猛,此外,电子及通信设备制造业的产品具有易于实现商业化,导致该行业的经济绩效明显高于其他行业,使得其低碳创新绩效水平较高;相比之下,航空航天器制造业主要体现国家的国防能力,而商业化水平较弱,导致其创新绩效评分值较低。

此外,在余下的三大行业中,医药制造业相较于电子计算机及办公设备制造业和医疗设备及仪表制造业而言,具有较高的创新绩效评分值。随着国家《中国制造 2025》规划中,对高技术制造业在内的等十大产业的进行政策支持,相信在未来的几年发展中,我国高技术制造业的五大分行业都将会快速发展,创新绩效水平也会有进一步提升。

在 2005—2014 年间,高技术制造业创新绩效水平呈现缓慢增长到快速增长再到目前的稳定发展态势。近年来的高技术制造业的快速发展,是由于资金、人力以及政策的大力支撑,相比于发达国家而言,我国高技术制造业发展水平相对较差。因此,我国政府需要对高技术制造业相关资源进行合理配置,除了加大高技术制造业的投入力度之外,还需要对现有资源合理配置,实现资源的合理使用。

　　我国高技术制造业中的五大分行业的创新绩效具有差异性。在 2015 年,我国高技术制造业中的电子及通信设备制造业创新绩效水平最好,而航空航天器制造业创新绩效水平相对较弱。由于高技术制造业的创新绩效主要来自于制造业经济生产的创新发展,对此,我国政府有必要对不同行业进行资源合理资源配置,完善高技术人才的培养模式,加大高技术制造业相关企业的技术引进、消化、吸收再创新等能力。此外,高技术制造业相关企业需要加强与高校、科研院所的合作,充分调动资源,加快成果转化力度,从而促进高技术制造业的快速发展。

　　基于以上分析,作为低能耗的高技术制造业,其技术创新势必会对传统制造业的低碳技术创新做出巨大贡献,促进高技术制造业技术创新水平以及创新绩效的提升,进而降低了传统制造业碳排放强度,优化了传统制造业低碳技术创新能力。从另一个视角分析,高技术制造业的技术创新高速发展也为制造业降低碳排放提供了重要的技术支持。以评价高技术制造业低碳创新绩效为例,目的是对降低了碳排放量后的制造业创新绩效进行评价,力求对我国制造业低碳创新绩效的发展做出客观真实的评价。

第五节　本 章 小 结

　　本章基于熵值法 – TOPSIS 法,以高技术制造业为调查对象,对低碳创新绩效进行评价,从多角度、多渠道对指标数据进行搜集,并采用较为科学的数据处理方法,确保数据的准确性。主要选取了 2005—2014 年 10 年间的高技术制造业的数据,进而对高技术制造业创新绩效进行评价。其中数据来源主要是从 2005—2014 年 10 年间的《中国高技术制造业统计年鉴》,通过整理、筛选得到现有数据。从全国视角和分行业视角对高技术制造业低碳创新绩效进行组合评价。不仅丰富了高技术制造业低碳创新绩效理论,还对提升制造业低碳技术创新能力以及产业竞争力具有重要借鉴意义。

第七章 提升我国制造企业低碳创新绩效的保障措施

在前文研究的基础上,本书明晰了制造企业社会责任对低碳创新绩效的影响作用以及企业声誉对低碳创新绩效的中介作用和集群低碳认知对低碳创新绩效的调节作用,并分别研究了制造企业社会责任、企业声誉、集群低碳认知对低碳创新绩效的作用路径和作用效果。结合前面各章分析结果,本章侧重从优化提升各个变量的作用效果角度提出提升我国制造企业低碳创新绩效的保障措施,以期在企业层面、政府部门层面提出对策建议,为政府、企业的管理部门和制造企业决策者的策略制定提供有益借鉴。

第一节 积极倡导履行社会责任提升低碳创新绩效

一、制定低碳政策制度

低碳经济政策体系为发展低碳经济提供了有力的保障,对低碳经济政策和体系的完善是促进低碳经济社会的和谐稳定可持续发展的基础。早在 2007 年我国就已经公布了《中国应对气候变化国家方案》,随后《中国应对气候变化的政策与行动》在 2008 年出台,都为我国发展低碳经济指明了方向。为了与国际低碳经济发展标准相吻合,积极参与国际市场的竞争,我国政府还应在低碳产品认证、碳标签制度、碳排放权交易制度和碳税征缴等方面进一步制定和完善相关规定制度。

在低碳产品认证方面,在 2013 年我国政府发布了《低碳产品认证管理暂行办法》,但是该办法对低碳产品的规定并不十分详尽,低碳产品的认证标准并未得到明确规定,还需要进一步对低碳产品认证管理办法进行修改和完善,在完善过程中要注意借鉴国际低碳产品认证标准,与国际低碳发展相接轨,包括 ISO14064、ISO14065 等温室气体认证和排放标准等。目前,国际竞争市场越来越重视产品潜在碳排放量指标,因此我国政府在发布相关法规时还应重视对企业产品生产全过程碳足迹的评价,积极与国际市场接轨,参考国际组织发布的碳足迹评价方法制定相关的碳足迹跟踪和评价规则制度。

在碳标签制度方面,建议借鉴国外碳标签法律制度的制定,结合我国市场运行规律的现实情况,采取自上而下的发展模式制定碳标签制度,与国际新出台的ISO1407碳标签标准相匹配,严格规定碳标签的申请、评定、颁发和审核流程规范。建议在认证管理委员会下设置碳标签专门工作小组。为了鼓励制造企业申请碳标签的积极性,可对申请成功的企业实行减免税费的优惠政策。由于碳标签制度反映了产品整个生命周期的碳排放量,为了真正起到监督和激励作用,建议对申请成功的企业进行周期性或不定期审查和考评,及时处理考评不合规企业,免去其相应资质和享受的政策优惠并严格处罚。

在碳排放权交易制度方面,建议逐步建立碳交易市场,利用企业间的碳排放权交易行为通过市场化调节来达到碳减排的目的。2011年国家发改委下发了《关于开展碳排放权交易试点的通知》,正式启动北京市、天津市、上海市等七个省市碳排放权交易试点的运行,各地区按照本地区的条件自行拟定碳排放权交易管理办法,明确碳排放总量控制目标以及对各单位二氧化碳排放量的分配方案,建立监管体系和交易平台。但目前我国对碳排放权交易的相关法律规定仍处于缺失状态,随着碳排放权交易试点的运行,相关政府部门应该总结吸取实践经验积极制定碳排放权交易的相关法律和规定,建设区域内和区域间的碳排放权交易平台,积极发展与发达国家共同参与的碳排放权交易项目,利用国外直接投资和技术支持发展我国的碳排放权交易市场,推进我国碳排放权交易制度的完善。

在碳税征缴方面,我国政府应该在考虑本国国情的同时,注重与国际碳税制度接轨。应采取循序渐进的方式逐步分段开征碳税,从燃油税开始逐步推行资源税,进而提出碳税制度改革,征收碳关税将基于WTO禁止征收双重税的原则大大削弱美国等国家通过碳关税制度对我国出口贸易的打击。

2009年我国财政部颁布的《中国开征碳税问题研究》报告就已提出预计在未来的五年内制定征收碳税的相关法律规制,采取从量计征的方式对向环境中排放二氧化碳的单位和个人征收碳税。首先,在开征碳税的初始阶段就针对全范围征收容易造成较大的消极影响,可以先以汽油、天然气等能源下游行业为征收对象,依据其能源消耗所含碳量及制定的碳税税率进行征收,这些行业的税费增加必然会导致成本的提高,当行业内部无法消化成本带来的冲击时会通过向其他行业整合的方式利用规模效应来应对碳税带来的高成本,从而达到由能源行业带动其他行业重组的格局,而后再逐步将征收范围向其他行业覆盖。

IPCC(Intergovernmental Panel on Climate Change,联合国政府间气候变化专门委员会)的研究结果表示,碳税征收的价格区间应在每吨二氧化碳3美元到95美元之间,其中配置最合理的碳税为12美元,我国在实施过程中应该依据我国的实践情况加以设定,并采取动态调整的策略进行微调来探索适合我国国情的碳税税率标准,并合理设计减免政策来激励企业积极开展碳减排活动,对逐年实现碳减排目标的企业通过碳税减免或税收返还的方式给予优惠。

二、搭平台、建体系促进社会责任履行与低碳创新绩效提升

创新平台对于凭借低碳创新确保社会责任履行是必要的,也是其前提和基础。第一,要构建实时跟踪低碳创新进展的平台。相关部门构建类似官方网站的低碳创新成果推介平台,对低碳成果及其应用状况进行动态收集,给企业提供必要的信息支持。第二,对于低碳创新行为要积极鼓励。政府企业在这方面起着重要作用,从政府角度来看,要积极推广并尽力构建一种利于低碳创新的社会环境,引导企业积极投身于低碳创新中,而且在降低企业低碳创新成本、鼓励其履行社会责任时可以采用贷款贴息、允许低碳创新税前抵扣等手段。企业本身要树立主体意识,积极推动低碳创新,并增加创新投入,凭借创新确保社会责任被履行。

在企业社会责任履行活动中企业需制定周全的方案指导低碳创新应用。第一,要对低碳创新作用于社会责任的目标和方向进行明确,企业要结合自身的实际状况和发展方向,大力创新低碳技术和低碳管理,对创新的方向进行明确,促进创新成本的减少。例如,在管理上要根据成本分析对企业成本分布情况有一定的了解,对成本减少的空间进行研究,最后达成创新低碳发展、履行社会责任的目标。第二,要明确低碳创新作用于社会责任履行的基本路径。企业需采用哪些手段一定要明确,例如管理上采取流程再造模式,物流上运用第三方物流模式,技术上采取与高校合作的模式,营销上采取网络营销与现场营销相整合等模式来确保履行社会责任。

要想使低碳创新确实成为企业自身能够承认的社会责任,有效的手段是制定相关的制度来保证,从而使得低碳创新能够持续进行下去,反过来也能够让企业适应这项需要承担的责任。在制定正式的规则时,企业应该考虑到低碳创新的基本要求,制定关于环境保护、碳排放量等有关指标的标准,并且让其真正地对生产和经营起到指导作用,在平时就完全遵守标准开展生产和经营。

当下很多企业尤其是大型国有企业、股份制公司每年都会发布企业社会责任报告,里面包含的内容就包括低碳方面,因此企业社会责任报告就无形地对企业产生了监督和约束的作用,公开报告社会责任也是企业履行社会责任的一种体现,所以,应该鼓励更多的企业用这种方式来履行社会责任。再者,从非正式的制度方面上讲,企业应该大力建设企业文化,通过举办低碳创新活动来对企业产生影响,逐渐成为一种制度或标准,用长期的实行来形成企业内在的标准,履行应尽的社会责任。

三、积极引导和培育供应链环境

提高市场需求环境质量要引导消费者的低碳消费模式,培养消费者的低碳生活方式,加大政府低碳采购的力度及完善政府低碳采购体制,具体来说,应从引导

和培养消费者的低碳消费模式和加大政府低碳采购力度两方面发挥对低碳市场环境的优化作用。

(一)引导和培养消费者的低碳消费模式

引导消费者的消费模式和生活方式向低消耗、低排放和低污染的方向转变是提高市场中低碳产品需求量的重要途径。低碳消费模式还需要一定的生活收入水平作为经济保障,但整体来看,我国居民人均收入水平虽然逐年持续增长,但相较于发达国家仍有较大差距,因此,在合理设置低碳产品价格的同时,政府应当着力进行低碳意识的引导和宣传,推动消费者低碳消费模式的形成。要采用各种渠道和方式加强对低碳消费的宣传力度,综合利用网络、电视、报纸等媒体,提高消费者的低碳消费意识和低碳心理效用,提高市场对低碳产品的需求量。

(二)加大政府低碳采购力度

政府低碳采购行为能够从社会公共利益的角度出发宏观调控市场经济,引导低碳产业的发展,提高市场对低碳产品的需求量,对转变企业低碳生产方式和消费者的低碳消费模式都具有重要的影响作用。

因此,应该在我国现有《政府采购法》及相关规范规定的基础上制定并完善低碳采购的详细规定,明确界定低碳产品的名录和标准,规定政府采购低碳产品的相关机构、流程和考评制度等实施办法,将政府低碳采购的绩效考评与政府业绩相关联,提高政府低碳采购的积极主动性。完善政府低碳采购制度建设需要设置采购和管理职能相分离的梯度机构,提高相关采购人员的专业化水平,完善政府低碳采购部门的人力资源建设制度,健全政府低碳采购的预算制度和考评制度,建立政府采购机构的公共信息平台,为政府采购工作人员、供应商和中介组织的沟通交流提供便利的同时,加强政府低碳采购的信息公开化、简约化,保证政府低碳采购工作的高效和透明运作。

第二节　维护与优化企业声誉提升低碳创新绩效

一、积极培育和提升网络能力

制造企业与其他创新合作主体间关系的紧密耦合、良性互动和持久保持对低碳创新绩效具有明显的促进作用。近年来,创新的重要性已被绝大多数企业管理者所接受和重视,在低碳经济的席卷下,制造企业个体不具备足够雄厚的经济技术实力践行低碳友好型发展,推动企业产品和经营的低碳创新,为了应对复杂化和动荡性的经济形势和竞争态势,制造企业应着力建立具有广泛联系的创新合作联盟,依托外部专业化机构的优质创新资源和创新信息实现与自身实力的有效整合。目前,低碳商机在我国制造产品市场已经展露,尽管我国不乏具有庞大规模和雄厚资金实力的制造企业,但不可否认我国绝大多数制造企业在自主低碳创新方面实力还非常脆弱,要求企业采取与科研院所、合作企业等的深度联盟与创新协作,形成以联盟成员之间的低碳价值为纽带的协同创新模式,通过创新主体之间的相互支持、利益共享以及诚信联盟,促使企业更好地维护和发展低碳市场、分担低碳风险、巩固低碳实力,形成协同的效果。

一方面,制造企业低碳创新推进的关键在于对低碳技术的掌握,技术创新是一项长期和复杂的系统工程,急需整合各方面技术资源力量实现产品技术和工艺上的突破。通过积极与专业化科研合作联盟构成创新网络,制造企业能够弥补自身专业技术上的缺口,同时,大规模的低碳技术研发是一项高投入、高风险的创新活动,制造企业依靠一己之力而为之难度较大,企业管理者也往往不认可耗费巨大成本的同时承担低成功率风险,因此,制造企业应该在低碳创新过程中积极促成和采取联合研发方式,通过创新联盟降低技术研发支出,并在技术秘诀、技术流程的分享中提升低碳实力。

另一方面,低碳创新在制造企业生产管理和制度管理上的主要表现是缩减成本、降低排放和循环利用废弃物,制造企业单靠自身的微小产量往往难以实现成本的节约,这就要求制造企业通过与合作企业以及供应链的企业进行通力合作,通过专业化分工,形成资源互补、优势共享的创新联盟,将合作同盟的创新型节约思路和做法融入企业自身的生产运作流程中,通过经验借鉴和批量化产品组合实现生产管理和制度管理的低碳化和节约化。

二、建立稳固的集群创新联盟关系

创新联盟是一个局部的创新系统,通过创新系统的整体协调发展才能发挥最大的创新潜力。创新联盟关系的稳固性是影响整个创新系统合作创新绩效和系统存在生命周期的重要因素,这种关系的稳固性主要通过创新合作伙伴的和谐关系来提升。制造企业在构建低碳创新联盟时,创新联盟中的各部门可能因为存在利益和风险分担问题产生冲突,影响创新关系的稳固性和合作效果,因此制造企业在组织建立低碳创新联盟关系时要重视建立和健全关系稳固机制,通过梳理和分析本书建议从以下三个方面着手,分别是建立良好沟通机制、推动组建标准化联盟和建立有效监督评价机制。

首先,要在创新联盟主体间建立行之有效的沟通机制。在组建低碳创新联盟初期应该重视稳定的契约关系管理,通过契约来明确联盟主体的权利和义务。创新联盟主体间的管理部门间的沟通是联盟主体间信息交流的重要方式,因此应该通过合作契约和合作主体的信誉来减弱彼此的自我保护意识,加强管理部门间的沟通和联系,建立冲突管理机制,当出现冲突时能够积极解决问题,避免出现拖沓和逃避责任的现象。

在管理部门间的沟通联系中,联盟组织高层管理人员之间的沟通尤为重要,应该改变国内联盟组织高层管理人员间表面化沟通的方式和局面,强化高层管理人员沟通的重要性,通过制定合作创新战略、创新联盟规划等确定创新联盟的任务和方向,并通过有效沟通控制整个创新合作的过程,为创新联盟主体间的关系稳固性提供保障。

其次,要推动创新联盟的标准化机制建设。积极加入有国内外规模化企业参与的低碳创新联盟组织,通过与国际化公司建立合作关系实现与低碳标准化技术和创新的接轨,促进企业的低碳创新与国际化的标准相融,围绕关键核心的低碳技术展开共同研发,推动标准化联盟关系的建立,进而提高创新联盟主体间的关系稳固性。最后,要建立创新联盟内部的评价和监督机制。

创新联盟组织的成立是为了提高信息流通和创新的效率、降低创新的成本,应该在联盟内部通过组织间的协商建立科学合理的评价和监督机制,根据联盟成立的目标和创新成果的需求构建信息交流、合作效果的统一评价指标,尽量量化沟通和合作的效果,依据联盟组织间的合作协议和合作创新成果评价体系建立相互之间的监督机制,保障低碳创新联盟关系的稳定性和持久性。

第三节　强化集群低碳认知能力提升低碳创新绩效

一、大力倡导低碳文化认知宣传

低碳文化的认知是发展低碳经济的价值引导和行为规范,社会低碳文化的培养和形成可以有效促使低碳社会和低碳经济的发展上升到更优质的层面。一方面,低碳文化会影响公众的低碳生活和消费习惯,促进低碳消费和公民节约;另一方面,低碳文化会有效促进相关企业的低碳责任意识的形成,在低碳文化的作用下,企业开始更加重视自身行为对环境的影响,在关注经济效益的同时,形成内生性的环境责任和社会责任,为经济社会低碳发展贡献力量。具体来说,应重点从以下几方面加强对低碳文化的宣传力度。

首先,要建立并完善低碳文化的宣传机制。政府作为低碳文化的有力推动者,应该将媒体、企业、公众等纳入低碳文化的宣传体系中,充分有效地利用广播、电视、网络和报纸等媒体平台宣传低碳文化和理念,从低碳生活方式到企业低碳事迹,从政府低碳政策到国际低碳规定,将低碳文化和知识渗透到公众的生活点滴中,逐渐改变公众的生活方式,培养企业的低碳生产模式,使节能减排成为全社会每个组织和个体的主动性行为。

第二,建议将低碳文化教育纳入我国教育体系中,教育部等相关部门应该在教材和部分课程中加入低碳文化教育的内容,出台相关文件和规定使各地区的教育部门加强对低碳文化的教育程度,不仅在义务教育中加入对低碳文化素质的培养,还要在大学等教育组织部门提高低碳文化教育的比重,积极开展低碳文化教育活动,开设低碳宣传讲座和低碳实践活动,培养国家高素质人才的低碳文化素质。

第三,建议采用多种宣传渠道进行低碳文化宣传。文化宣传部门设立低碳文化日或世界低碳节日来普及低碳文化知识,这种持续性的低碳文化宣传载体将够起到普及性的社会宣传效果。另外,建设低碳博物馆、展览馆等宣传场所,或在现有的博物馆中加入低碳的内容和元素,宣传低碳文化的发展历程以及最新的低碳技术和创新成果,在宣传了低碳文化的同时也能够促进低碳创新知识和信息的传播及应用。

二、重视和促进创新合作中的知识共享交流

知识共享机制在外部关系质量和低碳创新绩效的作用路径之间发挥关键的传导作用。诚然,创新活动是知识密集交织的结果。低碳经济的到来导致了制造企业产品绿色功能需求的激增以及技术寿命的迅速缩短,因此创新型知识的涌现和获取就成为企业低碳创新的关键环节、在制造企业与其他创新主体的低碳合作创新中,创新成果和创新产出是以知识的共享、交织和升华为蓝本的,知识共享机制高度嵌入合作团队成员关系网络对合作效果的影响之中,为创新合作效果提供衡量标准,重视和促进创新合作中的知识共享和交流应从以下几方面着重考虑。

首先,需建立以信任为前提的共享机制。增进创新合作组织成员间的信任感进而提升合作的凝聚力是有效知识共享的前提,企业应鼓励和采取措施增进己方员工与合作机构成员的互信交流,使双方保持工作中的伙伴关系之外,成为日常生活中可以信赖的朋友,打破知识共享的竞争风险,不必担心彼此的投机行为,确保知识的无障碍流动。

第二,应规范知识共享的传输渠道。鉴于技术知识存在形式的多样性,高度规范化的知识共享渠道既能保持共享知识的完整性,又能有效消除创新合作伙伴间知识共享的障碍。在创新合作中应预先制定规范的制度标准,并采取标准化文档传输知识,提高知识共享和传输效率的同时使双方知识的沟通和交换有迹可循。

第三,应着力提高制造企业自身的知识整合能力,创新合作中知识共享的价值只有在知识被有效整合吸收之后才能显现,可以说知识的成功转移与收发双方的知识整合能力密切相关,应通过优质知识整合能力保证创新合作中的核心知识以全面、充分的形态呈现,从而借助外部知识加速激活制造企业内部的资本增量,形成低碳创新绩效提升的内生动力。

三、利用集群网络推动低碳创新

产业集群能够有效提高区域创新能力,其优势十分明显。良好的产业集群不

仅能够推动低碳产品的持续创新,还能促使节能减排技术的不断深入发展。因此,企业作为集群创新主体,必须首当其冲,尽快开始有效的战略规划。最先要做的就是对低碳核心技术的研制与进一步开发。由于技术尚不成熟,因此处于初期低碳技术开发阶段时,可以通过一定程度上的模仿,吸取先进的经验,为我所用,尤其要大力发挥国际低碳技术转让,再将自身的特殊性与之相结合。

在此基础上,最大限度地提升自主创新能力,进而推动技术的大跨步。如果一个企业具备了比较成熟的低碳技术,这里尤其指大中型企业,如果其人力、财力、物力、共生技术以及低碳关键技术全部达到应有的水平,此时就是最佳的自主创新时期。而对于部分中小企业而言,其由于本身的缺陷导致自主创新能力不足,就可以利用合作创新的形式,不仅能够达到创新的目的,同时还大大地拉低了创新风险。

除此以外,还需要大力提升集群企业人才素质,完善人才队伍的建设。要想在现有基础上最大限度地提高低碳管理水平,就必须具备一个公平、完善的激励机制以及合理的评价体系,只有完善了此类机制体制,才能够推进企业人才不断研发创新,不仅如此,集群内企业也应该相应地打造一系列激励制度,比如技术开发以及技术入股等,在内部营造出一个和谐的创新环境,进一步刺激科技人员不断突破自我,持续创新,与此同时,集群企业需要同国际惯例连通,在保护知识产权的前提下,尽最大可能有针对性地制定符合企业自身发展的分配制度以及经营管理制度,进而在此基础上激发科技成果转化为生产力。

各类集群内的大型企业还需要相应地制定人才吸引政策,提供更好的条件来吸引优秀国内外人才以及专家学者进驻企业,助力企业低碳技术自主创新。在这个过程中,单靠一个企业,低碳产业链以及相关的技术创新根本难以完成,只有集群内各个企业合作共赢,才能以产业链为途径,实现全面的低碳,进而由联动效应触发整个产业链,此时的产品就具备了极高的附加值,能源消耗也会大大降低,企业朝着低碳化发展大步迈进。综上所述,在发展过程中,相关的企业要从自身努力,集群内政府同样要给予优惠政策,为其发展提供大量的机会。科研机构以及大企业的研发结果更多地有关于国计民生以及战略发展,而对于低碳产业链的发展来说,必须是大中小企业协同发展,这样才能在现有基础上实现优势互补、分工明确、共同创新,最终建成具有强大竞争优势的优质产业链。

四、培育和提高低碳认知能力

低碳认知能力是制造企业实施低碳创新的重要支撑力量。创新和改革的关键在于突破阵痛期。制造企业实施低碳创新是对企业全方面的一次改革,企业经过多年的发展已经形成了固有的路径依赖,低碳技术创新、低碳管理创新、低碳营销创新等一些列低碳创新活动的执行在初期会使企业内部组织和成员产生或多或少的抵触情绪。为了削弱制造企业生产运营的路径依赖对低碳创新的阻碍作用,制造企业应该努力提高低碳保障能力,即培育低碳创新的软实力,建议主要从低碳文化、低碳品牌和低碳习惯三方面着手。

企业低碳文化是发展低碳经济背景下应运而生的企业价值观,是企业在低碳经济背景下可持续发展的软实力,制造企业建设低碳文化需要将低碳理念深入贯彻到企业的每一个角落,建设低碳文化并非一朝一夕的事情,应该做到持之以恒,将低碳文化与企业的发展紧密联系起来,在制造企业生产运营的全过程都营造节能减排的低碳氛围。制造企业建立低碳文化应该采取自上而下的贯彻模式,企业的领导层应以身作则、身体力行地将低碳文化贯彻到领导活动和行动中,并将低碳文化建设作为企业在低碳经济背景下发展战略的核心内容,作出循序渐进的、科学的、明确的建设规划,将低碳文化建设的任务和责任具体落实到每个责任人手中。

应明晰每个阶段低碳文化建设活动的对象、内容和形式,将低碳文化建设的范围扩展到整个企业,把企业每个员工都纳入到低碳文化的培养和建设互动中,积极展开低碳文化培训活动,普及企业低碳文化知识和技能,提高员工参与低碳文化建设的积极性和主动性,使员工认识到企业发展和自身发展都应该具有强大的社会责任感。应重视对企业内部管理层的低碳文化渗透,将低碳文化落实到管理活动中,形成低碳管理模式。

在以企业内部领导层、管理人员和普通员工等为对象的低碳文化建设外,还应该重视企业低碳标准体系的建立。企业低碳标准的建立应该以国际标准、国家标准和行业标准为依据,以企业在低碳经济背景下的发展战略为方向,以提高企业的经济效益、社会效益和生态效益为目标,结合企业自身的发展水平和资源实力,制定具有一定前瞻性、创新性和能体现企业竞争优势的低碳标准体系,为企业日常生产运营的各个过程发挥规范作用、提供行为准则。

在建设低碳文化的基础上,还要重视打造企业的低碳品牌。制造企业的低碳品牌是其低碳文化的实质性象征,是企业在市场竞争中的形象标识,也是制造企业在低碳市场竞争中获取更大优势的重要力量。制造企业在树立低碳品牌和形象时要以节能减排和环境保护为主要内容,以消费者的低碳需求为出发点,突出企业低碳产品的个性和优势,并使低碳品牌观念成为企业所有成员的行动指南。

第一,制造企业低碳品牌的建立是为了获得更多消费者的青睐和认可,所以在树立低碳品牌时最重要的是以消费者的低碳产品需求为出发点,突出企业的低碳个性、低碳标准和低碳价值。低碳品牌不只是制造企业在市场营销活动过程中的口号,企业在实践中的行动必须与企业的低碳品牌和低碳形象相符合和一致,这样才能获取消费者的信任。

第二,低碳品牌要体现出制造企业尤其是企业产品的低碳价值,更要体现出企业的低碳承诺内容,这就要求企业建立的低碳品牌要与低碳标准相衔接,对低碳产品的整个生产周期的碳排放量按照标准进行跟踪和计量,通过具体的数字标准而不是泛泛的语言来体现企业产品的低碳承诺和低碳价值。

第三,采取多种形式推广企业低碳品牌和低碳形象,充分利用电视、广播、网络、报纸等媒体,加强企业低碳品牌的宣传力度,通过低碳产品现场展示和客户体验等方式展现企业的低碳承诺和低碳价值,提高消费者对低碳产品的理性认识的同时也提高其对企业低碳品牌的信赖和忠诚度。

应培养企业员工的低碳习惯,形成从高碳向低碳的习惯转变。低碳创新起于毫末,作为制造企业的基本工作单元,如果每个员工都养成了低碳习惯,就形成了企业的低碳惯例,能为整个企业运营模式从高碳向低碳的转型提供有力的保障,可见,低碳习惯既是低碳文化和低碳理念的基础,又是低碳文化和低碳理念的目标。

首先,要提高员工的低碳责任意识,企业在低碳创新过程中要注重员工的全员参与,使每个员工都成为企业低碳创新的主体,将企业的低碳创新视作自己的责任和义务,将低碳理念贯彻到日常生产运营的每一个细节,包括每一道工序、每一次操作,例如对低碳原材料的把关、对废料的利用、对工艺设备的操作性和实用性的低碳创新等。

其次,低碳习惯的培养并非一朝一夕可成,更重要的在于持之以恒。企业应该重视对员工的低碳教育和培训,提高员工的低碳意识,从小事做起,培养员工的日常低碳习惯,小到随手关灯、节约纸张材料,大到精细工作、避免返工浪费,让低碳理念和文化深入到每个员工的价值观中形成习惯,在生产和管理等活动中注重低碳行为的执行和实施。

最后,对低碳习惯的巩固和交流也是低碳文化形成的必要环节,企业应该定期举办以低碳为主题的经验交流活动,促进部门内和部门间的低碳方法和低碳经验的共享,加快员工低碳习惯的养成,进而形成企业的低碳惯例,提高低碳创新的效率和效益。

第四节　本章小结

本章从三个层面对如何提升制造企业低碳创新绩效进行了分析。首先,本章从制造企业履行社会责任提升低碳创新绩效方面,提出了三个方面的建议:其一,制定低碳政策制度;其二,搭平台、建体系促进社会责任履行与低碳创新绩效提升;其三,积极引导和培育供应链环境。其次,本章从企业声誉的中介效应视角出发,认为培育和提升网络能力、建立稳固的集群创新联盟关系这两个方面对提升低碳创新绩效有着重要的借鉴意义。最后,本章通过对集群低碳认知的调节效应的分析,提出了大力倡导低碳文化认知宣传、重视和促进创新合作中的知识共享交流、利用集群网络推动低碳创新等建议。

第八章 结 论

本书在对制造企业社会责任与低碳创新绩效的相关研究梳理、归纳、总结的基础上,通过对相关理论的分析与理论推演,得到了制造企业社会责任对低碳创新绩效影响理论模型,对促进制造企业社会责任与低碳创新绩效的影响作用的因素进行了探讨,分别对二者影响过程中的中介效应和调节效应进行了实证研究,并进一步阐明了有调节的中介效应。通过对实证结果的分析,本书从促进低碳创新绩效提升的的直接效应、中介效应、调节效应三方面提出对策建议。通过上文的实证研究,本书得出以下几方面的结论。

(1)制造企业履行社会责任提升了低碳创新绩效。制造企业社会责任越强,利益相关者越容易与企业建立良好的合作关系,低碳情景中的利益相关者履行了社会责任就会督促企业在低碳生产技术、工艺等方面不断创新,从而有助于提升制造企业的低碳创新水平。同时,制造企业对政府的低碳约束采用了积极的应对策略,承担低碳责任时,则会获得更多的政府支持,如碳补贴或碳税的降低,从而减少企业低碳创新的成本,提高其低碳创新绩效。

(2)良好的企业声誉促进了制造企业履行社会责任和提升低碳创新绩效。本书研究表明由网络能力声誉和交易公平声誉构成的企业声誉在制造企业社会责任与低碳创新绩效之间起到部分中介作用,其中,企业的网络能力声誉的中介效应比交易公平声誉更强。制造企业社会责任越强,利益相关者越容易与企业建立稳健的合作关系,更容易促进企业低碳创新绩效的提升。同时,制造企业社会责任越强,向利益相关者披露的相关信息则越与实际相符,有助于与各方面利益相关者建立良好的关系,企业的网络能力声誉及交易公平声誉则会得到提高,在此基础上,企业声誉的提高则会为制造企业在关系网络和产业集群中形成良好的口碑效应,对制造企业低碳创新绩效的提升作用越强。

(3)集群低碳认知程度直接与间接地提升了制造企业低碳创新绩效。本书研究表明集群低碳认知显著调节了制造企业社会责任与低碳创新绩效间的关系,集群低碳认知水平越高,调节作用越显著。在集群低碳认知比较高的情况下,制造企业社会责任对低碳创新绩效的影响比在集群认知比较低的情况下要强。当集群低碳认知较高时,制造企业的上下游企业、竞争企业以及消费者对低碳工艺和低碳产品的认知都处于较高水平,此时上下游企业更倾向于寻找实行低碳创新的合作伙伴,消费者更倾向于购买低碳产品,行业内的竞争环境也同样倾向于"低碳化",此时制造企业通过向利益相关者披露低碳创新发展的信息更有助于促进与集群中其他主体之间建立稳固的联系,形成和谐稳健的关系网,对企业低碳创新绩效的提升作用则会更强。

基于上述结论,本书从企业自身及集群环境的微观、宏观两个角度,对低碳情境下制造企业的社会责任披露及创新绩效的提升提出如下建议:第一,制造企业应该加强内部员工及领导者的低碳意识,并积极与外部创新主体进行低碳创新合作,从而提升自身的低碳创新能力。这样,一方面可以积极履行其对相关利益主体的社会责任,增强其在网络中的声誉;另一方面,也可以培养其与利益相关主体之间的信任,从而提升企业创新绩效。第二,企业应该加强对社会责任的披露,使之透明化,防止信息不对称所造成的损失。同时,企业应该积极推行政府的低碳政策,降低自身污染行为,在集群网络中树立良好的低碳形象。第三,实证结果表明,集群低碳认知水平越高,其调节作用越显著。因此,政府应该加强对于集群内部的低碳认知。最后,集群中的其他利益相关者,应该积极加入低碳活动中,监督企业的低碳行为,从而督促制造企业进行低碳转型升级。

本书的结论为制造企业履行低碳责任提供了相关借鉴。但是,由于受到地域等因素的限制,本书的研究样本有一定的局限性。在今后的研究中可以增加样本容量,获得更加精确的分析数据。

参考文献

[1]华锦阳. 制造业低碳技术创新的动力源探究及其政策涵义[J]. 科研管理,
    2011,32(6):42-48.

[2]纪玉山,纪明. 低碳经济的发展趋势及中国的对策研究[J]. 社会科学辑刊,
    2010(2):91-95.

[3]BETTS N L. The Economics of Climate Change:The Stern Review[M]. Cambridge:
    Cambridge University Press,2008.

[4]SUMNER J,BIRD L,DOBOS H. Carbon taxes:A review of experience and policy
    design considerations[J]. Climate Policy,2011,11(2):922-943.

[5]BI J,ZHANG R,WANG H,et al. The benchmarks of carbon emissions and policy
    implications for China's cities:Case of Nanjing[J]. Energy Policy,2011,39(9):
    4785-4794.

[6]唐晓华,刘相锋. 能源强度与中国制造业产业结构优化实证[J]. 中国人口·资
    源与环境,2016,26(10):78-85.

[7]MARGOLIS J D,WALSH J P. Misery loves companies:Rethinking social initiatives
    by business[J]. Administrative Science Quarterly,2003,48(2):268-305.

[8]MCWILLIAMS A,SIEGEL D. Corporate social responsibility:A theory of the firm
    perspective[J]. Academy of Management Review,2001,26(1):117-127.

[9]MCWILLIAMS A,SIEGEL D S,WRIGHT P M. Corporate social responsibility:
    Strategic implications[J]. Journal of Management Studies,2006,43(1):1-18.

[10]PORTER M E,KRAMER M R. The link between competitive advanyage and
    corporate social responsibility[J]. Harvard Business Review,2006,84(12):78-
    92,163.

[11]FOMBRUN C,SHANLEY M. What's in a name? Reputation building and corporate
    strategy[J]. Academy of Management Journal,1990,33(2):233-258.

[12]HART S L. A natural-resource-based view of the firm[J]. Academy of
    Management Review,1995,20(4):986-1014.

[13]BARNEY J. Firm resources and sustained competitive advantage[J]. Journal of
    Management,1991,17(1):99-120.

[14] MCWILLIAMS A, SIEGEL D. Corporate social responsibility and financial performance:Correlation or misspecification? [J]. Strategic Management Journal, 2000,21(5):603 – 609.

[15] PORTER M E,VAN DE RLINDE C. Green and competitive:Ending the stalemate [J]. Harvard Business Review,1995,28(6):120 – 134.

[16] GIULIANI E. Human rights and corporate social responsibility in developing countries' industrial clusters [J]. Journal of Business Ethics, 2016, 133 (1): 1 – 16.

[17] LUND – THOMSEN P, LINDGREEN A, VANHAMME J. Industrial clusters and corporate social responsibility in developing countries:What we know,what we do not know,and what we need to know[J]. Journal of Business Ethics,2016,133 (1):1 – 16.

[18] HEIVIK H V W, SHANKAR D. How can SMEs in a cluster respond to global demands for corporate responsibility? [J]. Journal of Business Ethics,2011,101 (2):175 – 195.

[19] WADDOCK S A,BODWELL C,GRAVES S B. Responsibility:The new business imperative[J]. The Academy of Management Executive,2002,16(2):132 – 148.

[20] BATTAGLIA M,TESTA F,BIANCHI L,et al. Corporate social responsibility and competitiveness within SMEs of the fashion industry:Evidence from Italy and France[J]. Sustainability,2014,6(2):872 – 893.

[21] PALACIOS – MARQUéS D, DEVECE – CARA? ANA C A. Policies to support corporate social responsibility:The case of telefónica [J]. Human Resource Management,2013,52(1):145 – 152.

[22] SILTAOJA M E. Revising the corporate social performance model—Towards knowledge creation for sustainable development[J]. Business Strategy and the Environment,2014,23(5):289 – 302.

[23] BERKHOUT F. Technological regimes,path dependency and the environment[J]. Global Environmental Change,2002,12(1):1 – 4.

[24] ANEX R P. Stimulating innovation in green technology policy alternatives and opportunities[J]. American Behavioral Scientist,2000,44(2):188 – 212.

[25] JR M F H,DANTAS F,SCHAEFFER R. Potential for reduction of CO emissions and a low – carbon scenario for the Brazilian industrial sector[J]. Energy Policy, 2010,38(4):1946 – 1961.

[26] ZHANG J. A study of low carbon operation model of manufacturing enterprises; proceedings of the International Conference on Management Science and Industrial

Engineering,F,2011[C].

[27] PARK C W, KWON K S, KIM W B, et al. Energy consumption reduction technology in manufacturing —A selective review of policies, standards, and research[J]. International Journal of Precision Engineering &Manufacturing, 2009,10(5):151 – 173.

[28] HORBACH J. Determinants of environmental innovation—New evidence from German panel data sources[J]. Research Policy,2008,37(1):163 – 173.

[29] LEE C W. The effect of environmental regulation on green technology innovation through supply chain integration [J]. International Journal of Sustainable Economy,2010,2(1):92 – 112.

[30] STOCK G N, GREIS N P, FISCHER W A. Firm size and dynamic technological innovation[J]. Technovation,2002,22(9):537 – 549.

[31] HAGEDOORN J, CLOODT M. Measuring innovative performance:Is there an advantage in using multiple indicators? [J]. Research Policy, 2003, 32 (8): 1365 – 1379.

[32] BRUNNERMEIER S B,COHEN M A. Determinants of environmental innovation in US manufacturing industries [J]. Journal of Environmental Economics & Management,2003,45(2):278 – 293.

[33] BERTHON P, HULBERT J M. To serve or create? [J]. California Management Review,1999,42(1):37 – 58.

[34] WANG C, KAFOUROS M I. What factors determine innovation performance in emerging economies? Evidence from China[J]. International Business Review, 2009,18(6):606 – 616.

[35] BOCQUET R. Product and process innovations in subcontracting:empirical evidence from the French "Sillon Alpin"[J]. Industry&Innovation,2011,18(7): 649 – 668.

[36] BOCQUET R, BAS C L, MOTHE C, et al. Are firms with different CSR profiles equally innovative? Empirical analysis with survey data [J]. European Management Journal,2013,31(6):642 – 654.

[37] RUSSO M V, FOUTS P A. A resource – based perspective on corporate environmental performance and profitability [J]. Academy Of Management Journal,1997,40(3):534 – 559.

[38] WADDOCK S A, GRAVES S B. The corporate social performance[J]. Strategic Management Journal,1997,8(4):303 – 319.

[39] ULLMANN A A. Data in search of a theory:A critical examination of the

relationships among social performance, social disclosure, and economic performance of US firms[J]. Academy of Management Review, 1985, 10(3): 540 – 557.

[40] HULL C E, ROTHENBERG S. Firm performance: The interactions of corporate social performance with innovation and industry differentiation [J]. Strategic Management Journal, 2008, 29(7): 781 – 789.

[41] PORTER M E, VAN DER LINDE C. Toward a new conception of the environment-competitiveness relationship[J]. The journal of economic perspectives, 1995, 9(4) 97 – 118.

[42] WOOD D J. Corporate social performance revisited[J]. Academy of Management Review, 1991, 16(4): 691 – 718.

[43] LUETKENHORST W. Corporate social responsibility and the development agenda [J]. Intereconomics, 2004(39): 157 – 166.

[44] 袁家方. 企业社会责任[M]. 北京: 海洋出版社, 1990.

[45] 陈宏辉, 贾生华. 企业社会责任观的演进与发展: 基于综合性社会契约的理解 [J]. 中国工业经济, 2003(12): 85 – 92.

[46] 徐尚昆, 杨汝岱. 企业社会责任概念范畴的归纳性分析[J]. 中国工业经济, 2007(5): 73 – 81.

[47] 田虹. 企业社会责任与企业绩效的相关性——基于中国通信行业的经验数据 [J]. 经济管理, 2009(1): 72 – 79.

[48] 李正. 企业社会责任与企业价值的相关性研究——来自沪市上市公司的经验 证据[J]. 中国工业经济, 2006(2): 77 – 83.

[49] 温素彬, 方苑. 企业社会责任与财务绩效关系的实证研究——利益相关者视 角的面板数据分析[J]. 中国工业经济, 2008(10): 150 – 160.

[50] 付强, 刘益. 基于技术创新的企业社会责任对绩效影响研究[J]. 科学学研究, 2013, 31(3): 463 – 468.

[51] 王亚刚, 席酉民, 荣卫东. 企业政府关系与企业社会责任: 金融危机背景下中 国企业的战略创新研究[J]. 科学学与科学技术管理, 2010, 31(10): 98 – 107.

[52] 张慧玉, 尹珏林. 企业社会责任前移: 小企业和新创企业的社会角色[J]. 科学 学与科学技术管理, 2011, 32(7): 130 – 135.

[53] 姜俊. 农业企业的社会责任、创新与财务绩效关系研究[D] 武汉: 华中科技大 学, 2010.

[54] 朱华友, 卓方勇. 我国纺织业空间集聚格局演化分析[J]. 岭南学刊, 2013(2): 85 – 89.

[55] 董进才, 黄玮. 集群企业社会责任行为互动机制研究——基于浙江省产业集

群的多案例分析[J].华东经济管理,2012(7):128 - 35.

[56]张丹宁,唐晓华.网络组织视角下产业集群社会责任建设研究[J].中国工业经济,2012(3):82 - 94.

[57]沈可挺.碳关税争端及其对中国制造业的影响[J].现代商贸评论,2010(1):65 - 74.

[58]张沛.碳关税对我国制造业长期影响效应分析[J].宏观经济研究,2011(10):51 - 56.

[59]姚西龙,于渤.技术进步、结构变动与工业二氧化碳排放研究[J].科研管理,2012,33(8):35 - 40.

[60]潘雄锋,舒涛,徐大伟.中国制造业碳排放强度变动及其因素分解[J].中国人口·资源与环境,2011,21(5):101 - 105.

[61]李先江.服务业绿色创业导向、低碳创新和组织绩效间关系研究[J].科学学与科学技术管理,2012,33(8):36 - 43.

[62]王立军.浙江省低碳技术创新路径与创新政策体系研究[J].中国科技论坛,2011(5):27 - 31.

[63]陈文剑,黄栋.我国低碳技术创新的动力和障碍分析[J].科技管理研究,2011,31(20):21 - 24.

[64] BRUMMER J J. Corporate Responsibility and Legitimacy: An Interdisciplinary Analysis[M]. New York:Greenwood Press,1991.

[65]CARROLL A B. A three - dimensional conceptual model of corporate performance [J]. Academy of Management Review,1979,4(4):497 - 505.

[66] ENDERLE G. Global competition and corporate responsibilities of small and medium - sized enterprises[J]. Business Ethics:A European Review,2004,13(1):50 - 63.

[67] EPSTEIN E M. The Corporation in American Politics[M]. Englewood Cliffs:Prentice - Hall,1969.

[68]KOTLER P,LEE N. Corporate social responsibility:Doing the most good for your company and your cause[M]. Hoboken:John Wiley&Sons,2008.

[69]ROBBINS S P,JUDGE T A. Organizational Behavior[M]. 15th. Upper Saddle River:Prentice Hall,2012.

[70]刘俊海.论全球金融危机背景下的公司社会责任的正当性与可操作性[J].社会科学,2010(2):70 - 79.

[71]周祖城,张漪杰.企业社会责任相对水平与消费者购买意向关系的实证研究[J].中国工业经济,2007(9):111 - 118.

[72]DAVIS K. Five propositions for social responsibility[J]. Business Horizons,1975,

18(3):19 – 24.

[73]STEINER G A,STEINER J F,STEINER G A. Business,government,and society:A managerial perspective:Text and cases[M]. Maidenhead:McGraw – Hill,1991.

[74] ELKINGTON J. Cannibals with forks : The triple bottom line of 21st century business[J]. Environmental Quality Management,2010,8(1):37 – 51.

[75]关璐,毕克新. 基于低碳创新的企业社会责任探讨[J]. 中国高新技术企业,2015(8):180 – 181.

[76]DRUCKER P F. Converting social problems into business opportunities:The new meaning of corporate social responsibility[J]. California Management Review,1984,26(2):53 – 63.

[77]张丹宁,刘永刚,NING Z D,等. 从演化视角看社会责任发展:一个文献综述[J]. 沈阳工业大学学报(社会科学版),2016(5):391 – 398.

[78]朱华友,丁四保. 产业集群治理:一个基于浙江省企业社会责任实证的视角[J]. 经济地理,2006,26(6):997 – 1000.

[79] D´APRILE G, MANNARINI T. Corporate social responsibility:A psychosocial multidimensional construct[J]. Journal of Global Responsibility,2013,3(1):48 – 65.

[80]GODFREY P C,MERRILL C B,HANSEN J M. The relationship between corporate social responsibility and shareholder value:an empirical test of the risk management hypothesis [J]. Strategic Management Journal, 2010, 30 (4): 425 – 445.

[81]CARROLL A B. Managing ethically with global stakeholders:A present and future challenge[J]. The Academy of Management Executive,2004,18(2):114 – 120.

[82]STEINER G A, STEINER J F. Business, Government, and Society:A Managerial Perspective[M]. New York:Random House Business Division,1980.

[83] TROTMAN K T, BRADLEY G W. Associations between social responsibility disclosure and characteristics of companies [J]. Accounting, Organizations and Society,1981,6(4):355 – 362.

[84]GRAY R,KOUHY R,LAVERS S. Corporate social and environmental reporting:A review of the literature and a longitudinal study of UK disclosure[J]. Accounting, Auditing&Accountability Journal,1995,8(2):47 – 77.

[85]FREEMAN R E. Strategic Management:A Stakeholder Approach[M]. Cambridge:Cambridge University Press,2010.

[86] MITCHELL R K, AGLE B R, WOOD D J. Toward a theory of stakeholder identification and salience:Defining the principle of who and what really counts

[J]. Academy of Management Review,1997,22(4):853 – 886.

[87]RE F R R,REED D. Stockholders and stakeholders:A new perspective in corporate governance[J]. California Management Review,1983(25):88 – 106.

[88]WEAVER G R, TREVINO L K, COCHRAN P L. Integrated and decoupled corporate social performance:Management commitments, external pressures, and corporate ethics practices[J]. Academy of Management Journal, 1999, 42(5): 539 552.

[89]Wood D J. Corporate social performance revisited[J]. Academy of Management Review,1991,16(4):691 – 718.

[90] MAHONEY L S, THORN L. An examination of the structure of executive compensation and corporate social responsibility:A Canadian investigation[J]. Journal of Business Ethics,2006,69(2):149 – 162.

[91]MCGUIRE J W. Business and Society[M]. New York:McGraw – Hill,1963.

[92] SWANSON D L. Addressing a theoretical problem by reorienting the corporate social performance model[J]. Academy of Management Review, 1995, 20(1): 43 – 64.

[93] WOOD D J, JONES R E. Stakeholder mismatching:A theoretical problem in empirical research on corporate social performance[J]. International Journal of Organizational Analysis,1995,3(3):229 – 267.

[94] AGLE B R, MITCHELL R K, SONNENFELD J A. Who matters to Ceos? An investigation of stakeholder attributes and salience, corpate performance, and Ceo values[J]. Academy of Management Journal,1999,42(5):507 – 525.

[95] O'NEILL H M, SAUNDERS C B, MCCARTHY A D. Board members, corporate social responsiveness and profitability:Are tradeoffs necessary? [J]. Journal of Business Ethics,1989,8(5):353 – 357.

[96]ZAHRA S A, STANTON W W. The implications of board of directors composition for corporate strategy and performance[J]. International Journal of Management, 1988,5(2):229 – 236.

[97]KESNER I F, VICTOR B, LAMONT B T. Research Notes:Board composition and the commission of illegal acts:An investigation of fortune 500 companies[J]. Academy of Management Journal,1986,29(4):789 – 799.

[98]SCHWARTZ M S, CARROLL A B. Corporate social responsibility:A three – domain approach[J]. Business Ethics Quarterly,2003(13)503 – 530.

[99]JUHOLIN E. For business or the good of all? A Finnish approach to corporate social responsibility[J]. Corporate Governance,2004,4(3):20 – 31.

[100]许正良,刘娜.企业社会责任弹簧模型及其作用机理研究[J].中国工业经济,2009(11):120-130.

[101]王世权,李凯.企业社会责任解构:逻辑起点,概念模型与履约要义[J].外国经济与管理,2009(6):25-31.

[102]李双龙.试析企业社会责任的影响因素[J].经济体制改革,2005(4):67-70.

[103]田虹.企业社会责任及其推进机制[M].北京:经济管理出版社,2006.

[104]PINKSE J,KOLK A. Challenges and trade-offs in corporate innovation for climate change[J]. Business Strategy and the Environment,2010(19):261-72.

[105]CIAN E,BOSETTI V,TAVONI M. Technology innovation and diffusion in "less than ideal" climate policies:An assessment with the WITCH model[J]. Climatic Change,2011,114(1):121-143.

[106]陆小成,冯刚.广义虚拟经济视域下低碳创新驱动价值研究[J].广义虚拟经济研究,2015,6(3):65-71.

[107]FOSTER C,GREEN K. Greening the innovation process[J]. Business Strategy&The Environment,2000,9(5):287-303.

[108]HUBER J. Technological environmental innovations(TEIs) in a chain-analytical and life-cycle-analytical perspective[J]. Journal of Cleaner Production,2008,16(18):1980-1986.

[109]许庆瑞,王毅.绿色技术创新新探:生命周期观[J].科学管理研究,1999(1):3-6.

[110]桑金琰.环境友好型制造企业的协同运作与优化提升机制研究[D].天津:天津财经大学,2009.

[111]FREEMAN C. The economics of industrial innovation[J]. Social Science Electronic Publishing,1982,7(2):215-219.

[112]MONE M A,MCKINLEY W,BARKER V L. Organizational decline and innovation:A contingency framework[J]. Academy of Management Review,1998,23(1):115-132.

[113]TEECE D J,PISANO G,SHUEN A. Dynamic capabilities and strategic management[J]. Strategic Management Journal,1997,18(7):509-533.

[114]BROWN S L,EISENHARDT K M. Product development:Past research,present findings,and future directions[J]. Academy of Management Review,1995,20(2):343-378.

[115]ERNST H. Patent applications and subsequent changes of performance:Evidence from time-series cross-section analyses on the firm level[J]. Research Policy,

2001,30(1):143-157.

[116] CEFIS E, MARSILI O. A matter of life and death: innovation and firm survival [J]. Industrial&Corporate Change,2005,14(6):1167-1192.

[117] 王长峰. 知识属性、网络特征与企业创新绩效:基于吸收能力的视角[D]. 济南:山东大学,2009.

[118] 刘满凤. 民营科技企业创新绩效分析与评价[J]. 科技和产业,2005,5(1):1-6.

[119] WOERTER M. Industry diversity and its impact on the innovation performance of firms[J]. Journal of Evolutionary Economics,2009,19(5):675-700.

[120] BROCKHOFF K. Technology management in the company of the future[J]. Technology Analysis&Strategic Management,1996,8(2):175-190.

[121] HAMAMOTO M. Environmental regulation and the productivity of Japanese manufacturing industries [J]. Resource&Energy Economics, 2006, 28(4):299-312.

[122] BUESA M, HEIJS J, BAUMERT T. The determinants of regional innovation in Europe: A combined factorial and regression knowledge production function approach[J]. Research Policy,2010,39(6):722-735.

[123] LECTURER R C, PROFESSOR R P. R&D, socio-economic conditions, and regional innovation in the U.S.[J]. Growth&Change,2013,44(2):287-320.

[124] BI K, HUANG P, WANG X. Innovation performance and influencing factors of low-carbon technological innovation under the global value chain: A case of Chinese manufacturing industry[J]. Technological Forecasting&Social Change, 2016,111(10):275-284.

[125] 周文光,黄瑞华. 创新绩效、R&D 资本存量与吸收能力的增长路径[J]. 科研管理,2012,33(11):24-31.

[126] 黄山松,谭清美. 制造业能源效率测算与影响因素分析[J]. 技术经济与管理研究,2010(S2):14-18.

[127] 池仁勇,唐根年. 基于投入与绩效评价的区域技术创新效率研究[J]. 科研管理,2004,25(4):23-27.

[128] 樊华,周德群. 中国省域科技创新效率演化及其影响因素研究[J]. 科研管理,2012,33(1):10-18.

[129] 李东红,顾文涛,李蕾. 政府规制对企业自主创新的影响作用研究——基于上汽乘用车自主开发能力历史演进的案例分析[J]. 科学学与科学技术管理,2007(10):88-91.

[130] 李世祥,成金华. 中国能源效率评价及其影响因素分析[J]. 统计研究,2008,

25(10):18 – 27.

[131]徐建中,谢晶. 基于属性视角的我国制造业先进性的判断与测度[J]. 科学学与科学技术管理,2013,34(5):53 – 60.

[132]徐士元. 技术进步对能源效率影响的实证分析[J]. 科研管理,2009,30(6):16 – 24.

[133]MURTISHAW S,SCHIPPER L,UNANDER F,et al. Lost carbon emissions:The role of non – manufacturing "other industries" and refining in industrial energy use and carbon emissions in IEA countries [J]. Energy Policy,2001,29(2):83 – 102.

[134]FOMBRUN C J. Indices of Corporate Reputation:An analysis of media rankings and social monitors´ ratings [J]. Corporate Reputation Review,1998,1(4):327 – 340.

[135]EDMUND R. GRAY J M T B. Managing corporate image and corporate reputation [J]. Long Range Planning,1998,31(5):695 – 702.

[136] BROMLEY D. Comparing corporate reputations:League tables,quotients,benchmarks,or case studies? [J]. Corporate Reputation Review,2002,5(1):35 – 50.

[137]LAUFER D,COOMBS W T. How should a company respond to a product harm crisis? The role of corporate reputation and consumer – based cues[J]. Business Horizons,2006,49(5):379 – 385.

[138] MILGROM P. Economics,Organization and Management [M]. Upper Saddle River:Prentice – Hall International,1992.

[139] WEISS A M,ANDERSON E,MACINNIS D J. Reputation management as a motivation for sales structure decisions[J]. Journal of Marketing,1999,63(4):74 – 89.

[140] BROMLEY D B. Relationships between personal and corporate reputation[J]. European Journal of Marketing,2001,35(3/4):316 – 334.

[141] BROWN B. Do Stock market investors reward companies with reputations for social performance? [J]. Corporate Reputation Review,1998,1(3):271 – 280.

[142] BERENS G,RIEL C B M V. Corporate associations in the academic literature:Three main streams of thought in the reputation measurement literature [J]. Corporate Reputation Review,2004,7(2):161 – 178.

[143]THEVISSEN F. Belgium:Corporate reputation in the eye of the beholder[J]. Corporate Reputation Review,2002,4(4):318 – 326.

[144]欧阳哲. 危机情境下企业声誉对利益相关者行为反应的影响研究[D]. 合肥:

中国科学技术大学,2016.

[145] WALSH G, WIEDMANN K P. A conceptualization of corporate reputation in Germany: An evaluation and extension of the RQ[J]. Corporate Reputation Review,2004,6(4):304-312.

[146] 邢小强,全允桓. 网络能力:概念、结构与影响因素分析[J]. 科学学研究,2006,24(S2):558-563.

[147] 姜宏. 东北地区中小企业集群化成长及集聚区建设[D]. 长春:吉林大学,2011.

[148] 张羽,王贞威,刘乐. 两岸青年学生对社会文化集群认知研究[J]. 厦门大学学报(哲学社会科学版),2015(2):88-99.

[149] ZAHRA S A,GEORGE G. Absorptive capacity: A review,reconceptualization,and extension[J]. Academy of Management Review,2002,27(2):185-203.

[150] 蔡莉,朱秀梅. 科技型新创企业集群形成与发展机理研究[M]. 北京:科学出版社,2008.

[151] 王欢芳. 我国产业集群低碳发展水平及升级模式研究[D]. 长沙:中南大学,2013.

[152] 刘振华,武春友,陈大鹏. 集群低碳化过程技术路径规划的演化分析[J]. 科技进步与对策,2011,28(18):1-5.

[153] PARMAR B L,FREEMAN R E,HARRISON J S,et al. Stakeholder theory:The state of the art[J]. Academy of Management Annals,2010,4(1):403-445.

[154] DONALDSON T,DUNFEE T W. Ties that bind :a social contracts approach to business ethics[J]. Ethics,1999,13(4):109-110.

[155] 张兆国,刘晓霞,张庆. 企业社会责任与财务管理变革——基于利益相关者理论的研究[J]. 会计研究,2009(3):54-59.

[156] 李高泰,王尔大. 企业社会责任对企业绩效的影响机制研究[J]. 软科学,2015(9):59-62.

[157] FREEMAN R. Strategic Management:A Stakeholder Approach[M].. Cambridge:Cambridge University Press,2010.

[158] 黄苏萍. 企业社会责任、创新和财务绩效[J]. 北京工商大学学报(社会科学版),2010,25(2):63-67.

[159] 李文茜,刘益. 技术创新、企业社会责任与企业竞争力——基于上市公司数据的实证分析[J]. 科学学与科学技术管理,2017,38(1):154-165.

[160] DONALDSON T,PRESTON L E. The stakeholder theory of the corporation:Concepts,evidence,and implications[J]. Academy of Management Review,1995,20(1):65-91.

［161］CLARKSON M E. A stakeholder framework for analyzing and evaluating corporate social performance［J］. Academy of Management Review,1995,20(1):92 – 117.

［162］BUYSSE K, VERBEKE A. Proactive environmental strategies: a stakeholder management perspective ［J］. Strategic Management Journal, 2003, 24 (5): 453 – 470.

［163］SHARMA S, VREDENBURG H. Proactive corporate environmental strategy and the development of competitively valuable organizational capabilities［J］. Strategic Management Journal,1998,19(8):729 – 753.

［164］BARNETT M L. Stakeholder influence capacity and the variability of financial returns to corporate social responsibility［J］. Academy of Management Review, 2007,32(3):794 – 816.

［165］周璐,王前锋.企业社会责任对技术创新影响研究［J］.财会通讯,2013(3): 91 – 94.

［166］付强,刘益.基于技术创新的企业社会责任对绩效影响研究［J］.科学学研究,2013,31(3):463 – 468.

［167］王碧淼.利益相关者视角下的企业社会责任模型［J］.东岳论丛,2010,31 (7):68 – 71.

［168］LIN X, GERMAIN R. Antecedents to customer involvement in product development::Comparing US and Chinese firms ［J］. European Management Journal,2004,22(2):244 – 255.

［169］LETTL C. User involvement competence for radical innovation［J］. Journal of Engineering&Technology Management,2007,24(1 – 2):53 – 75.

［170］LABAHN D W,KRAPFEL R. Early supplier involvement in customer new product development :A contingency model of component supplier intentions［J］. Journal of Business Research,2000,47(3):173 – 190.

［171］马文聪,朱桂龙.供应商和客户参与技术创新对创新绩效的影响［J］.科研管理,2013,34(2):19 – 26.

［172］FOMBRUN C J. Reputation:Realizing Value From the Corporate Image［M］. Brighton:Harvard Business School Press,1995.

［173］FOMBRUN C J,GARDBERG N A,SEVER J M. The reputation quotient SM :A multi – stakeholder measure of corporate reputation ［J］. Journal of Brand Management,2000,7(4):241 – 255.

［174］NEWELL S J, GOLDSMITH R E. The development of a scale to measure perceived corporate credibility［J］. Journal of Business Research,2004,52(3): 235 – 247.

［175］FOMBRUN C J,PAN M. Corporate reputations in China：How do consumers feel about companies？［J］. Corporate Reputation Review,2006,9（3）:165 – 170.

［176］SEN S,BHATTACHARYA C B. Does doing good always lead to doing better？ Consumer reactions to corporate social responsibility［J］. Journal of Marketing Research,2001,38（2）:225 – 243.

［177］MOHR L A,WEBB D J. The effects of corporate social responsibility and price on consumer responses［J］. Journal of Consumer Affairs,2005,39（1）:121 – 147.

［178］马俊.员工视角的企业社会责任、人力资源管理与组织绩效关系实证研究［D］天津:南开大学,2014.

［179］GODFREY P C,MERRILL C B,HANSEN J M. The relationship between corporate social responsibility and shareholder value:an empirical test of the risk management hypothesis［J］. Strategic Management Journal, 2009, 30（4）: 425 – 445.

［180］王启亮,虞红霞.协同创新中组织声誉与组织间知识分享——环境动态性的调节作用研究［J］.科学学研究,2016,34（3）:425 – 432.

［181］DU S,BHATTACHARYA C B,SEN S. Maximizing business returns to corporate social responsibility（CSR）:The role of CSR communication［J］. International Journal of Management Reviews,2010,12（1）:8 – 19.

［182］JENKINS H,YAKOVLEVA N. Corporate social responsibility in the mining industry:Exploring trends in social and environmental disclosure［J］. Journal of Cleaner Production,2006,14（3 – 4）:271 – 284.

［183］REVERTE C. Determinants of corporate social responsibility disclosure ratings by spanish listed firms［J］. Journal of Business Ethics,2009,88（2）:351 – 366.

［184］COOL K,DIERICKX I,JEMISON D. Business strategy,market structure and risk-return relationships:A structural approach［J］. Strategic Management Journal, 1989,10（6）:507 – 522.

［185］蔡月祥,杜丽.企业社会责任与财务绩效关系的实证研究——基于结构方程模型的分析［J］.中国集体经济,2016（9）:97 – 100.

［186］AHUJA G. The Duality of Collaboration:Inducements and opportunities in the formation of interfirm linkages［J］. Strategic Management Journal,2015,21（3）: 317 – 343.

［187］蔡宁,潘松挺.网络关系强度与企业技术创新模式的耦合性及其协同演化——以海正药业技术创新网络为例［J］.中国工业经济,2008（4）: 137 – 144.

［188］李纲,陈静静,杨雪.网络能力、知识获取与企业服务创新绩效的关系研

究——网络规模的调节作用[J].管理评论,2017,29(2):59-68.

[189]谢洪明,张霞蓉,程聪,等.网络关系强度、企业学习能力对技术创新的影响研究[J].科研管理,2012,33(2):55-62.

[190] GE B, HISRICH R D, DONG B. Networking, resource acquisition, and the performance of small and medium - sized enterprises:An empirical study of three major cities in China[J]. Managing Global Transitions,2009,7(3):221-239.

[191]周江华,刘宏程,仝允桓.企业网络能力影响创新绩效的路径分析[J].科研管理,2013,34(6):58-67.

[192]马柯航.虚拟整合网络能力对创新绩效的作用机制研究——知识资源获取的中介作用[J].科研管理,2015,36(8):60-67.

[193] BONNER J M, KIM D, CAVUSGIL S T. Self - perceived strategic network identity and its effects on market performance in alliance relationships[J]. Journal of Business Research,2005,58(10):1371-1380.

[194]简兆权,柳仪.关系嵌入性、网络能力与服务创新绩效关系的实证研究[J].软科学,2015,29(5):1-5.

[195]金永生,季桓永,许冠南.内向型创新、企业网络能力与创新绩效——网络外溢的调节作用[J].经济与管理研究,2016,37(8):117-124.

[196]吴松强,蔡婷婷.嵌入性创新网络与科技型小微企业创新绩效:网络能力中介效应研究[J].科技进步与对策,2017,34(17):99-105.

[197] HAGEDOORN J, ROIJAKKERS N, KRANENBURG H V. Inter - firm R&D networks:The importance of strategic network capabilities for high - tech partnership formation[J]. British Journal of Management,2006,17(1):39-53.

[198]范钧,郭立强,聂津君.网络能力、组织隐性知识获取与突破性创新绩效[J].科研管理,2014,35(1):16-24.

[199]齐丽云,李腾飞,郭亚楠.企业社会责任对企业声誉影响的实证研究——基于战略选择的调节作用[J].科研管理,2017,38(7):117-127.

[200]田虹,姜雨峰.社会责任履行对企业声誉影响的实证研究——利益相关者压力和道德滑坡的调节效应[J].吉林大学社会科学学报,2015(2):71-79.

[201]任胜钢.企业网络能力结构的测评及其对企业创新绩效的影响机制研究[J].南开管理评论,2010,13(1):69-80.

[202]田虹,潘楚林,姜雨峰.企业社会责任可见性和透明度对竞争优势的影响——基于企业声誉的中介作用及善因匹配的调节效应[J].南京社会科学,2015(10):17-25.

[203]ISLAM T.企业社会责任和消费者购买行为:取自巴基斯坦的实证证据[D]合肥:中国科学技术大学,2017.

[204] UPHAM P, DENDLER L, BLEDA M. Carbon labelling of grocery products: Public perceptions and potential emissions reductions[J]. Journal of Cleaner Production, 2011, 19(4): 348 – 355.

[205] 王岚, 王凯. 基于认知模式的企业集群知识转移研究[J]. 科学学与科学技术管理, 2008, 29(2): 119 – 122.

[206] 罗胜强, 姜嬿. 管理学问卷调查研究方法[M]. 重庆: 重庆大学出版社, 2014.

[207] 温忠麟, 刘红云, 侯杰泰. 调节效应和中介效应分析[M]. 北京: 教育科学出版社, 2012.

[208] EDWARDS J R, LAMBERT L S. Methods for integrating moderation and mediation: a general analytical framework using moderated path analysis[J]. Psychological Methods, 2007, 12(1): 1 – 22.

[209] ABBOTT W F, MONSEN R J. On the measurement of corporate social responsibility: Self – reported disclosures as a method of measuring corporate social involvement[J]. Academy of Management Journal, 1979, 22(3): 501 – 515.

[210] HAMILTON T. Beyond market signals: Negotiating marketplace politics and corporate responsibilities[J]. Economic Geography, 2013, 89(3): 285 – 307.

[211] 郑海东. 企业社会责任行为表现: 测量维度、影响因素及对企业绩效的影响[D]. 杭州: 浙江大学, 2007.

[212] 赵德志, 白楠楠. 社会资本视角下企业社会责任与企业绩效关系研究[J]. 沈阳工业大学学报(社会科学版), 2016, 9(5): 385 – 90.

[213] 张川, 娄祝坤, 詹丹碧. 政治关联、财务绩效与企业社会责任——来自中国化工行业上市公司的证据[J]. 管理评论, 2014, 26(1): 130 – 139.

[214] 毕克新, 杨朝均, 隋俊. 跨国公司技术转移对绿色创新绩效影响效果评价——基于制造业绿色创新系统的实证研究[J]. 中国软科学, 2015(11): 81 – 93.

[215] SCHWAIGER M. Components and parameters of corporate reputation—An empirical study[J]. Schmalenbach Business Review, 2004, 5(1): 46 – 71.

[216] 姜宏. 产业集群低碳化建设路径探讨[J]. 学术交流, 2016(5): 124 – 130.

[217] 杨燕, 高山行. 企业合作创新中知识粘性与知识转移实证研究[J]. 科学学研究, 2010, 28(10): 1530 – 1539.

[218] 奉小斌. 研发团队跨界行为对创新绩效的影响——任务复杂性的调节作用[J]. 研究与发展管理, 2012, 24(3): 56 – 65.

[219] PODSAKOFF P M, WILLIAMS L J, TODOR W D. Effects of organizational formalization on alienation among professionals and nonprofessionals[J]. Academy of Management Journal, 1986, 29(4): 820 – 831.

［220］BARON R M，KENNY D A. The moderator – mediator variable distinction in social psychological research：conceptual，strategic，and statistical considerations ［J］. Journal of Personality&Social Psychology，1986，51（6）：1173 – 1182.

［221］陈瑞,郑毓煌,刘文静. 中介效应分析:原理、程序、Bootstrap 方法及其应用 ［J］. 营销科学学报,2013（4）:120 – 135.

［222］HAYES A F. Introduction to mediation，moderation，and conditional process analysis：A regression – based approach［J］. Journal of Educational Measurement，2013，51（3）：335 – 337.

［223］CARMINES E G，ZELLER R A. Raliability and Validity Assessment［M］. London：Sage Publications，1979.

［224］FORNELL C，LARCKER D F. Evaluating structural equation models with unobservable variables and measurement error［J］. Journal of Marketing Research，1981，18（1）：39 – 50.

［225］温忠麟,张雷,侯杰泰,等.中介效应检验程序及其应用［J］.心理学报,2004, 36（5）:614 – 620.

［226］温忠麟,叶宝娟.中介效应分析:方法和模型发展［J］.心理科学进展,2014, 22（5）:731 – 745.

［227］HEIMERIKS K H，SCHIJVEN M，GATES S. Manifestations of higher – order routines：The underlying mechanisms of deliberate learning in the context of postacquisition integration［J］. Social Science Electronic Publishing，2012，55 （3）:93 – 94.

［228］PREACHER K J,HAYES A F. SPSS and SAS procedures for estimating indirect effects in simple mediation models［J］. Behavior Research Methods Instruments&Computers,2004,36（4）:717 – 731.

［229］MACKINNON D P,LOCKWOOD C M,WILLIAMS J. Confidence limits for the indirect effect：Distribution of the product and resampling methods［J］. Multivariate Behavioral Research,2004,39（1）:99 – 128.

［230］SHROUT P E，BOLGER N. Mediation in experimental and nonexperimental studies：New procedures and recommendations［J］. Psychological Methods,2002, 7（4）:422 – 445.

［231］罗胜强,姜嬿.管理学问卷调查研究方法［M］.重庆:重庆大学出版社,2014.

［232］周璐,王前锋.企业社会责任对技术创新影响研究［J］.财会通讯:综合（下）, 2013（1）:91 – 94.

［233］肖仁桥,钱丽,陈忠卫.中国高技术产业创新效率及其影响因素研究［J］.管理科学,2012,25（5）:85 – 98.

[234] FALLAH M H, LECHLER T G. Global innovation performance：Strategic challenges for multinational corporations[J]. Journal of Engineering&Technology Management,2008,25(1－2):58－74.

[235] VENTURINI F. R&D and Productivity in High － Tech Manufacturing：A comparison between Italy and Spain[J]. Industry&Innovation, 2014, 21(5): 359－379.

[236] 陈劲,梁靓,吴航.开放式创新背景下产业集聚与创新绩效关系研究——以中国高技术产业为例[J].科学学研究,2013,31(4):623－629.

[237] 戴魁早.垂直专业化对创新绩效的影响及行业差异——来自中国高技术产业的经验证据[J].科研管理,2013,34(10):42－49.

[238] 欧阳秋珍,陈昭.创新网络结构对我国高技术产业创新绩效的影响与区域差异——基于省级动态面板模型 SYS － GMM 方法的实证研究[J].财经理论研究,2016(1):44－49.

[239] 李培楠,赵兰香,万劲波.创新要素对产业创新绩效的影响——基于中国制造业和高技术产业数据的实证分析[J].科学学研究,2014,32(4):604－612.

[240] 崔彩周.高技术产业专业化、多样化聚集与创新绩效——基于省级面板数据的分析[J].特区经济,2016(1):62－65.

[241] 任伶,张少杰,张丙祥.开放式创新下的高技术产业创新资源投入和绩效——基于省际面板数据的实证分析[J].现代管理科学,2014(1):29－31.

[242] 朱晋伟,王杨阳,梅静娴.高技术产业间创新绩效及影响因素差异比较分析——基于面板数据的半参数模型[J].系统工程理论与实践,2015,35(12):3135－3143.

[243] 丁凯,朱顺林.政府 R&D 补贴对技术创新绩效的影响研究——基于我国高技术产业视角[J].科技与经济,2016,29(1):37－41.

[244] 刘玉芬,张目.基于 DEA 的西部地区高技术产业技术创新绩效评价[J].科技管理研究,2010,30(13):119－121.

[245] 杨晓冬,武永祥.我国东、中部地区高技术产业创新绩效评价研究[J].科技进步与对策,2012,29(23):128－131.

[246] 裴潇,陈俊领.湖北省高技术产业技术创新绩效评价研究[J].科技进步与对策,2013,30(21):128－132.

[247] 朱山丽,雷丽娟,贾解放,等.高技术产业技术创新影响因素及绩效评价的省际分析[J].河南科学,2016,34(4):636－640.

[248] 蔡元成,赵敏,康丹玉.低碳经济背景下江苏沿海的高新技术产业选择研究[J].科技与经济,2010,23(6):27－30.

[249] 覃卫国.基于低碳经济视角下的高新技术产业发展研究[J].改革与战略,

2011,27(11):123-125.

[250]荆克迪,楚春礼,王圆生.中国高新技术产业碳排放趋势研究与影响因素分析——以电子及通信设备制造业为例[J].江淮论坛,2011(3):16-19.

[251]楚春礼,郭彩霞,鞠美庭,等.中国高新技术产业能源消耗与碳排放分析[J].环境污染与防治,2011,33(8):23-28.

[252]王仰东,范毅,李享,等.低碳经济与高技术服务业的可持续发展[J].科技导报,2011,29(5):65-68.

[253]孙宁.依靠技术进步实行制造业碳减排——基于制造业30个分行业碳排放的分解分析[J].中国科技论坛,2011(4):44-48.

[254]张危宁,朱秀梅,柳青,等.高技术产业集群创新绩效评价指标体系设计[J].工业技术经济,2006,25(11):57-59.

[255]潘东华,孙晨.产业技术创新战略联盟创新绩效评价[J].科研管理,2013(S1):296-301.

[256]SCHINNAR A P,ROTHBARD A B,HADLEY T R. A prospective management approach to the delivery of public mental health services [J]. Administration&Policy in Mental Health&Mental Health Services Research,1992,19(4):291-308.

[257]HOLLAND C A,DUMONT J N. Oogenesis in Xenopus laevis (Daudin)[J]. Cell&Tissue Research,1975,162(2):177-184.

[258]LANDAHL H D,MCCULLOCH W S,PITTS W. A statistical consequence of the logical calculus of nervous nets[J]. Bulletin of Mathematical Biophysics,1943,5(4):135-137.

[259]OPRICOVIC S,TZENG G H. Compromise solution by MCDM methods:A comparative analysis of VIKOR and TOPSIS[J]. European Journal of Operational Research,2004,156(2):445-455.

[260]QIU T,SARIDAKIS E N. Entropic force scenarios and eternal inflation [J]. Physical Review D Particles&Fields,2012,85(4):90-93.

[261]李柏洲,苏屹.基于改进突变级数的区域科技创新能力评价研究[J].中国软科学,2012(6):90-101.

[262]徐泽水.不完全信息下多目标决策的一种新方法[J].运筹与管理,2001,10(2):25-28.

附　　录

企业调查问卷

尊敬的先生/女士:

非常感谢您能够为我们的研究填写这份问卷。

本人乃哈尔滨工程大学的一名在读博士研究生,此问卷目的是采集企业相关的数据以便学术研究使用。恳请您仔细阅读每一题目,并根据贵企业的实际情况逐一回答。此问卷采取匿名形式,为使由此问卷得到的结论更加准确和严谨,烦请在管理、技术、研发、生产等涉及创新管理的岗位工作1年以上,对企业创新情况、企业环境及行业状况非常了解的中高层管理者来填写。

本次问卷调查属于纯学术研究性质,所提供信息仅供学术研究之用,不会对任何人或者任何机构以任何方式进行公开,且不涉及企业的任何商业秘密,请您放心并尽可能客观回答,切勿遗漏题目。

【您的基本信息】

职位:				
性别:				
□男	□女			
年龄:				
□25 岁以下	□26～35 岁	□36～45 岁	□46～55 岁	□56 岁以上
学历:				
□大专以下	□大专	□本科	□硕士	□博士
工作年限:				
□3 年以内	□4～10 年	□11 年以上		

【企业的基本信息】

贵企业性质：
□国有或国有控股企业　　　□非国有控股企业
贵企业规模：
□500 人以下企业　　□500～1 000 人　　□1 000～2 000 人　　□2 000 人以上
贵企业年龄：
□5 年以下　　　　□5～10 年　　　　□10～20 年　　　　□20 年以上
企业的主导业务所属行业：

【说明】下列各题是单项选择题。

第一部分：本部分是关于企业利益相关者主体对企业社会责任的履行情况方面的问题。请您在 1－7 的数字中，根据贵企业的实际情况与下列陈述的符合程度，选择您最认同的数字，数字大小代表着您的同意程度。"1"代表非常不同意；"2"代表较为不同意；"3"代表基本不同意；"4"代表不反对；"5"代表基本同意；"6"代表较为同意；"7"代表非常同意。

序号	题项	非常不同意←——→非常同意
Q1	制造企业对政府低碳行为约束的实施情况	1　2　3　4　5　6　7
Q2	消费者对制造企业低碳生产的要求	1　2　3　4　5　6　7
Q3	社会环境对制造企业的低碳约束	1　2　3　4　5　6　7
Q4	债权人的低碳创新生产要求	1　2　3　4　5　6　7
Q5	股东的低碳创新生产要求	1　2　3　4　5　6　7
Q6	供应链上下端企业群的低碳生产要求	1　2　3　4　5　6　7

第二部分：本部分是关于企业所处集群网络对集群低碳认知方面的问题。请您在 1－7 的数字中，根据贵企业的实际情况与下列陈述的符合程度，选择您最认同的数字，数字大小代表着您的同意程度。"1"代表非常不同意；"2"代表较为不

同意;"3"代表基本不同意;"4"代表不反对;"5"代表基本同意;"6"代表较为同意;"7"代表非常同意。

序号	题项	非常不同意←——→非常同意
Q7	上下游企业对于低碳产品的认知	1　2　3　4　5　6　7
Q8	消费者对购买低碳产品的偏好	1　2　3　4　5　6　7
Q9	集群其他成员对低碳生产的约束要求	1　2　3　4　5　6　7

第三部分:本部分是关于企业声誉方面的问题。请您在 1 - 7 的数字中,根据贵企业的实际情况与下列陈述的符合程度,选择您最认同的数字,数字大小代表着您的同意程度。"1"代表非常不同意;"2"代表较为不同意;"3"代表基本不同意;"4"代表不反对;"5"代表基本同意;"6"代表较为同意;"7"代表非常同意。

网络能力声誉		
序号	题项	非常不同意←——→非常同意
Q10	善于协调、优化与集群中合作者的正式与非正式关系	1　2　3　4　5　6　7
Q11	可以有效整合集群产业中的各类低碳相关资源	1　2　3　4　5　6　7
Q12	在制造业集群中有较高的低碳创新能力	1　2　3　4　5　6　7
交易公平声誉		
序号	题项	非常不同意←——→非常同意
Q13	对低碳产品进行合作定价	1　2　3　4　5　6　7
Q14	对低碳合作的企业给予公平回报	1　2　3　4　5　6　7

第四部分:本部分是关于企业产品创新方面的问题,相比较于贵企业的竞争对手,您是否同意您的企业是表现相对较好的。请您在 1 - 7 的数字中,根据贵企业的实际情况与下列陈述的符合程度,选择您最认同的数字,数字大小代表着您的同意程度。"1"代表非常不同意;"2"代表较为不同意;"3"代表基本不同意;"4"代表不反对;"5"代表基本同意;"6"代表较为同意;"7"代表非常同意。

序号	题项	非常不同意←——→非常同意
Q15	企业专利申请数量更多	1　2　3　4　5　6　7
Q16	企业新产品销售收入占总销售额的比例更大	1　2　3　4　5　6　7
Q17	企业的低碳科技成果转化率更高	1　2　3　4　5　6　7
Q18	企业的碳排放情况更好	1　2　3　4　5　6　7
Q19	企业的三废综合利用产值更高	1　2　3　4　5　6　7
Q20	企业资源与能源消耗量更大	1　2　3　4　5　6　7

问卷调查终止,再次感谢您的支持和配合!